刊行にあたって

　本論文集は，「新・アジア家族法三国会議」における貴重な報告・議論を踏まえた共同研究の成果をまとめたものである。

　この「新・アジア家族法三国会議」は，日本・韓国・台湾の三国間で，家族法における重要なテーマを選定し，各国の学界・実務界から最適な報告者に個別報告をいただき，議論を行う国際会議である。前身である「アジア家族法三国会議」は，1983年から2009年まで23回にわたり開催され，その充実した報告や討議の積み重ねは，三国の家族法制度に関する研究・実務に多大なる貢献を果たしてきた。

　その後，三国を含めたアジア諸国における情勢の変化，家族法や周辺制度をめぐる改正，司法改革の動きと連動した法学教育における変革，研究者等の世代交代等を踏まえ，この会議の持続的発展を目指し，新たな企画・運営委員会を設置し，2011年から新生会議としてスタートを切ったものである。

　本書に収録した研究のもととなった第10回新・アジア家族法三国会議は，2021年11月27日，オンラインにて開催された。その際のテーマは，本書タイトルにもあるとおり「離婚後の親子関係」である。テーマ選定の趣旨と個別報告の詳細については，本書内の各論稿をご精読いただきたい。

　各国の研究者・実務家による紹介と比較研究によってそれぞれの課題を検討することで，三国が相互理解を深め，将来の理論や実務及び制度改革に寄与をしたいという願いから選定された本テーマのもと，会議当日は，充実した報告と，熱のこもった活発な議論が展開された。

　この会議を基礎とした共同研究の成果を本書に収めることにより，より多くの方々に新・アジア家族法三国会議の意義や充実した報告や討議の内容を理解していただき，各国の法制度へのさらに深い理解や将来への課題を共有していただけること，ひいてはアジア諸国において同様のテーマの検討がなされる際に，共同研究の成果を広く参酌することができるよう，心から願うものである。

　最後に，本書刊行に当たって多大な貢献，ご協力を賜った執筆者・翻訳者・編集者をはじめとする全ての皆様に，心より感謝を申し上げる。

　新・アジア家族法三国会議が，今後も，より多くの方々の参加を得ながら発展し，アジアの家族法制度の研究・教育・実務の一層の充実と発展にいくらかでも寄与できることを願ってやまない。

　2022年9月

「新・アジア家族法三国会議」運営委員会

目　　次

執筆者一覧

企画の趣旨　**棚村　政行**（TANAMURA, Masayuki ／早稲田大学法学学術院教授）

　　　　　　小川　富之（OGAWA, Tomiyuki ／大阪経済法科大学法学部教授）

第 1 章

　第 1 節　**禹　柄　彰**（WOO, Byoung-Chang ／淑明女子大学校教授）

　第 2 節　**文　興　安**（MOON, Heung-Ahn ／建國大学校法学専門大学院名誉教授）

第 2 章

　第 1 節　**林　秀　雄**（LIN, Hsiu-Hsiung ／輔仁大学栄誉講座教授）

　第 2 節　**鄧　學　仁**（TENG, Shyue-Ren ／中央警察大学法律系教授）

第 3 章

　第 1 節　**棚村　政行**（TANAMURA, Masayuki ／早稲田大学法学学術院教授）

　第 2 節　**小川　富之**（OGAWA, Tomiyuki ／大阪経済法科大学法学部教授）

総　括　　**棚村　政行**（TANAMURA, Masayuki ／早稲田大学法学学術院教授）

第 1 章日本語作成

　　　　　　金　亮　完（KIM, Yang-Whan ／早稲田大学非常勤講師）

第 2 章第 1 節日本語作成

　　　　　　小林　貴典（KOBAYASHI, Takanori ／台北大学法学部助理教授）

企画の趣旨

　3か国では，少子化が進むとともに，共働き夫婦も増え，父母や祖父母を含め，子どもがかけがえのない存在になっている。しかしながら，親の離婚や別居に伴い，子どもは，父母の一方と離れ，兄弟姉妹や祖父母などの近親者との関係も大きな影響を受けたり喪失感や孤立感を味わうこともある。さらには，父母の確執や葛藤のために，子どもたちが父母の間で板挟みにあったり，親権・監護・面会交流・養育費などをめぐって，父母が激しく争い合い，子の連れ去りや子の奪い合いなどの実力行使にまで発展することさえある。

　3か国には，このような共通の状況がある中で，日本では，最もシンプルな協議離婚制度を認め，離婚後の単独親権の原則を定めており，面会交流や養育費もようやく2012年に明文化されたばかりで，紛争の予防や解決の明確な基準を具体的に示せていない。さらには，面会交流の場所，施設の確保はもちろん，事前のガイダンスや情報提供，相談体制が十分でないため，父母間で無用な争いや紛争のエスカレートを招きやすい状況にある。そこで，2021年3月に，法制審議会家族法制部会が立ち上がり，協議離婚制度，養育費，面会交流，離婚後の共同親権等について審議が開始した。

　韓国では，2007年に協議離婚制度を改革し，未成年の子がいるときは熟慮期間が設けられ，子の親権者・面会交流・養育費等の子どもの問題を決めない限り，離婚ができない仕組みにした。また，面会交流について規定も置き，離婚後の共同親権も可能としたが，実際には共同のケースは多くはない。家庭法院でも親教育や親ガイダンスが重視され，家庭法院に面会交流センターも置かれた。

　また，台湾でも，夫婦の合意で離婚することができるが，未成年の子の養育の権利義務については，単独で行うか共同で行うかを協議し，もし協議ができないときは，調停や裁判で決することになる。2012年家事事件法が制定され，裁判所の調停での合意による解決が推奨されている。特に裁判所の家

事部では，家事事件サービスセンターが設けられ，離婚調停前の親ガイダンスや親教育を重視する取り組みが展開している。

　そこで，日本，韓国，台湾の3か国において，離婚や別居の際に子どもの親権・監護・面会交流の問題はどのように決められているか，また，離れて暮らす親と子の面会交流はどのように確保されているか，離婚後の共同での親権・監護は可能であるか，もし可能であるとしても具体的にどのような運用になっているのかなどにつき，法制，現状，課題について，今回の会議では比較共同研究を行う。

　2022年6月

早稲田大学　**棚村　政行**
大阪経済法科大学　**小川　富之**

第 1 章

韓国における離婚後の親子関係

韓国における離婚後の親子関係
—親権者の決定と共同親権・面会交流・養育及びその支援を中心に—

禹　柄　彰

訳：金　亮　完

Ⅰ　はじめに

1　離婚時の考慮要素

　協議離婚と裁判離婚のいずれの場合にも，離婚をしようとする夫婦に未成年の子がいる場合は，その子の親権者を誰とするか，養育をどのように行うかについて協議し決定しなければならない。離婚後に子の養育環境が不当に害されることを防止し，子の福祉を確保するためである。離婚後における子の養育に関する事項（訳者注：以下「子の養育事項」という。）と親権者が定まっていない場合は，家庭法院が協議離婚意思確認をしないから，協議離婚をすることができない。したがって，子の養育事項について父母の協議が調わない場合は，まずは家庭法院に審判の申立てをしてその審判が確定した後，その審判書正本を提出しなければ協議離婚をすることができない。

　このように，協議離婚の場合には，離婚に伴う問題を協議で決定する仕組みとなっているのに対し，裁判離婚の場合には，離婚そのものだけではなく財産や子の養育などに関する問題が争われる。そこで，親権者の指定等に関する協議[1]，損害賠償責任[2]，子の養育責任，面会交流，財産分与請求及び財産分与請求権を保全するための詐害行為取消などの問題について事前に整理しておくことが裁判離婚の円滑な進行の一助となる。

2　親権と養育に関する韓国民法の立法経過

韓国民法は，1958年 2 月22日に制定されて以来，離婚後の子の養育と財産
分与の問題について数次の改正がされ，また規定が新設された。そのうち，
夫婦間の問題である財産分与を除き，子の養育の問題に関わるもののみを取
り上げることとしたい。

Ⅱ　離婚後における親権者の決定

1　親権者の決定

⑴　現行民法の態度

現行民法は，第909条[3)]において，父母が離婚をする場合における親権の
帰属について規定している。父母が協議離婚をする場合には，父母の協議に
より親権者を定めなければならず，協議をすることができない場合，又は協
議が調わない場合は，家庭法院が職権で又は当事者の請求により親権者を指
定しなければならない。ただし，父母の協議が子の福祉に反する場合は，家
庭法院は補正を命じ又は職権で親権者を定める（909条 4 項）。裁判離婚の場
合は，父母の協議とは無関係に家庭法院が職権で親権者を定める（同条 5 項）。

また，離婚の際に親権者が定まったとしても，子の福祉のために必要と認
められる場合には，家庭法院が子の四親等内の親族の請求により親権者を他
の一方に変更することができる（同条 6 項）。

⑵　民法の改正と親権の変化

民法の親権に関する規定は，施行後 4 回改正されている。

1958年に制定された民法は，父が単独親権者となり，父がないとき又は親
権を行使することができないときにその家にある母が親権を行使するものと
されていた。そして，父母の離婚又は父の死亡後に母が復籍し又は再婚した
ときは，その母は前婚中に出生した子の親権者となることができなかった。

1977年の民法改正により，父母が共同で親権を行使することができるよう
になり，形式上は夫婦平等が実現し，父母の一方が親権を行使することがで
きないときは他の一方がこれを行使することができるものとされた。しかし
ながら，父母の意見が一致しない場合は，父が親権を行使するとされていた

ため，依然として親権行使における父優先主義を完全に払拭することはできなかった。

　その後の1990年の民法改正により，親権に関する規定が全面的に改正された。父母が共同で親権を行使すること，及び，父母の一方が親権を行使することができないときは他の一方が親権を行使することは維持された。すなわち，父母が婚姻中のときは父母が共同で親権を行使し，父母の意見が一致しない場合は，当事者の請求により家庭法院が定めるものとされた。また，養子は，養父母の親権に服するものとされた。

　さらに2005年には，第909条の規定の順序を調整する改正が行われた。それまでは，親権者を定めるのが「離婚」だけと規定されており，協議離婚と裁判離婚のいずれの場合も父母が協議により親権者を定めることができるとされていたのを，協議離婚と裁判離婚とを区別し，裁判離婚の場合には，父母の協議ではなく家庭法院が職権で親権者を定めるものと改正したが，これは意義のある改正であった。この改正は，当時裁判離婚において父母の協議が困難であったことの証左ということができる。そして，子の福祉のために必要と認められる場合には，子の四親等内の親族の請求により親権者を他の一方に変更できるようになったのも同改正によるものであり，同条は2007年に子の福祉を強調する方向に再び改正され，今日に至っている。

2　親権者の指定・後見人の選任

(1)　親権者の指定

　前述のような過程をたどった民法は，2011年に再び重要な改正を受けた。それは，離婚時に単独親権者と定められた父母の一方が死亡した場合，生存する父又は母，子，子の親族が，その事実を知った日から1月又は死亡の日から6月以内に，家庭法院に対し，生存する父又は母を親権者に指定することを請求することができるとする規定が新設されたことである（909条の2第1項。いわゆる「崔眞實法」と称されるものである）。

(2)　未成年後見人の選任

　この新設規定で定められた期間内に親権者指定の請求がないときは，家庭

法院は，職権で又は子，子の親族，利害関係人，検事又は地方公共団体の長の請求により，未成年後見人を選任することができるようになった。この場合において，生存する父又は母，実父母の一方又は双方の所在が知れない場合，又はその者が正当な事由なく召喚に応じない場合を除き，その者に意見を陳述する機会を与えなければならない（同条3項。訳者注：同項は，縁組の取消し，離縁，養父母双方の死亡の場合にも適用される。）。

　また，離婚時に定められた単独親権者の死亡により家庭法院が未成年後見人を選任した場合であっても，未成年後見人の選任後の養育状況や養育能力の変動，未成年の子の意思その他の事情を考慮して，未成年の子の福祉のために必要と認められるときは，家庭法院は生存する父又は母，実父母の一方又は双方，子の請求により後見を終了させ，生存する父又は母，実父母の一方又は双方を親権者に指定することができる（同条6項）。

(3)　代行者の選任

　家庭法院は，離婚時に定められた親権者の死亡を理由としてなされた親権者指定請求や後見人選任請求が生存する父又は母，実父母の一方又は双方の養育意思及び養育能力，請求の動機，子の意思その他の事情を考慮して，未成年の子の福祉のために適切でないと認めるときは，当該請求を棄却することができる。この場合において，家庭法院は，職権で未成年後見人を選任し，又は生存する父若しくは母，実父母の一方若しくは双方を親権者に指定しなければならない（同条第4項）。

3　共同親権の可能性と限界

　現行民法上，父母が協議離婚をする場合は，離婚後における親権の行使については共同又は単独のいずれも協議で定めることができる。しかしながら，実際は，父母の一方が単独で親権を行使すると定めるのがほとんどであり，調停においても単独親権となるのがほとんどである。

　その理由としては，子に対して親権を行使したいという離婚当事者の積極的な意思が不十分ではないかという点が考えられる。つまり，離婚をする場合には親権よりも養育（養育費というのが正確かも知れない。）が問題として捉え

られ，離婚する夫婦にとっては「養育すなわち親権」という認識が強いようである。そのためか，親権を争うことはほとんどなく，養育権（そして，養育費の額）をめぐる争いがほとんどである。筆者がソウル家庭法院で15年ほど離婚調停をしてきた経験からも，離婚をしようとする当事者が親権を主張するケースに接したことはほとんどない。そして，子が13歳（韓国では小学校6年生）に達した場合には，子本人の意思を尊重する旨の規定（家事訴訟規則100条）があることから，父母の意思が介在する余地がそれだけ少なくならざるを得ない。また，親権に関する父母の協議が子の福祉に反する場合は，家庭裁判所が職権[4]で親権者を定めることもできるから（民法909条4項ただし書[5]），離婚をしようとする父母が共同親権とするか単独親権とするかを決定する余地はさほど多くない。

　離婚をしようとする父母の意見が一致する場合は，当然ながら容易に調停が成立する。意見の不一致の原因は財産分与と子の養育の問題であるが，財産分与は，「分け合う」という問題の性質上，ある程度は調停の成立に持ち込むことが可能である。しかし，子の養育は財産分与とはその性質を異にするから，一方が養育を独占するか，あるいは，一定期間交代で養育するのが現実的な解決策となるが，前述のように離婚調停に臨む父母から親権が主張されるケースに接したことはほとんどない。もっぱら父母のいずれが未成年の子を養育し，養育親にどの程度の養育費を支払うかにだけ関心が向けられている。このように，韓国における離婚当事者間の主たる争いは養育権及び養育費の問題であり，「共同親権」に対する認識はほとんどないといえる。実際も，筆者が離婚をしようとする父母が共同親権ないしは共同養育を主張するケースに接した記憶はない。その理由としては，離婚当事者間の感情の溝が深すぎるため，離婚により相手方との関係を完全に断ち切り，養育費だけを受け取ることを望む夫婦がほとんどだからではないかと推測する。

　このような状況で共同親権又は共同養育の可能性を高めるためには，離婚の前段階で「離婚後の父母の役割」に対する教育を強化する必要がある。とはいえ，既に関係が破綻した父母に対してそのような教育を実施しても，その効果を期待することは困難ともいえる。とすると，夫婦間にまだ愛情が

残っている（と思われる）婚姻前又は婚姻中に父母の役割と夫婦関係に関する啓蒙的な教育を実施し，そのような教育を受けた夫婦に対して子の養育に必要な，あるいはそれの役に立つインセンティブを付与することがはるかに効果的であると思われる[6]。このように，韓国においては，「離婚すると，父又は母が単独で子を養育するものである[7]」という認識が強いため，共同で親権を行使しようとするケースは非常にまれであるというのが実情といえる。

Ⅲ　離婚後の子の養育

1　養育事項の協議

(1)　子の保護のための養育事項協議義務

協議離婚をしようとする夫婦に養育すべき子がいる場合，当事者は，民法の規定による子の養育（837条）及び子の親権者の決定に関する協議書（909条4項），又は家庭法院の審判書正本（837条及び909条4項）を家庭法院に提出しなければならない（836条の2第4項）。そして，家庭法院は，当事者が協議した養育費の負担に関する内容を確認したときは養育費負担調書を作成しなければならず，この養育費負担調書には執行権原としての効力が認められる（同条5項，家事訴訟法41条）。

2007年12月21日に民法が改正されるまでは，単に「当事者は，その子の養育事項を協議で定める」とだけ規定されていた。養育事項は当事者の協議で定めるが，協議をすることができないときは，家庭法院が当事者の請求により子の年齢，父母の財産状況その他事情を斟酌してこれを定め，また，いつでもその内容を変更し，又は他の適切な処分をすることができるとされていた。これに対しては，当事者間に離婚後における子の養育事項と親権者の指定に関する協議がなくとも協議離婚が可能であったため，離婚家庭における子の養育環境が劣悪なものとなるとの批判があった。そこで，離婚家庭における子の養育・教育環境を確保することを目的として，夫婦が協議離婚をしようとする場合には，協議で子の養育事項及び親権者を定めることが義務付けられた。

(2)　養育事項の決定時期

協議離婚をするには離婚意思の有無の確認を受けなければならないところ，そのときに養育者の決定，養育費の負担並びに面会交流の行使の有無及びその方法などが記載された協議書を家庭法院に提出しなければならない。協議が調わない場合又は協議をすることができない場合は，家庭法院が職権で又は当事者の請求により定める。この場合において家庭法院は，子の意思，年齢，父母の財産状況その他の事情を斟酌する。また，家庭法院は，子の福祉のために必要と認めるときは，父，母，子若しくは検事の請求又は職権で子の養育事項を変更し，又は他の適切な処分をすることができる。

(3)　養育者の決定

父母が離婚を決めた以上，現実の問題として継続的な共同養育は困難である。子は，父母のいずれかと生活しなければならないから，いずれにしても主たる養育者を決定しなければならない。養育者は，夫婦の協議で定め，協議をすることができない場合，又は協議が調わない場合には，家庭法院が職権で又は当事者の請求により養育者を決定する（民法837条1項・2項及び4項）。家庭法院による協議離婚意思確認を受けるために提出する養育事項協議書には養育者を記載しなければならない。

養育者が決定されていない状態では，家庭法院が離婚意思の確認を拒否することができるだけであり，離婚意思確認手続の中で職権で養育に関する審判をすることはできない。したがって，協議が困難なときは，まずは子の養育に関する処分を求める審判の申立てをし，養育者を決定しなければならない。裁判上の離婚をする場合には，養育者の指定も裁判で請求することができ，家庭法院が職権で定めることもできる。

子の養育に関する処分を求める審判は，父母の一方が他の一方を相手方として請求しなければならない（家事訴訟規則99条1項）。この場合，父母でない者が子を養育している場合には，その者を共同被告として子の引渡しを請求することができる（同条3項）。

Q．期間又は条件を付して養育者を指定することもできますか？

A．はい。一定期間は母を，それ以降は父を養育者と定めることもできます。また，条件を付した養育者指定に関し，母を養育者とする代わりに，父が毎年一定期間子と同居し，あるいは毎年の正月とお盆には母が子を父の家まで送り，父方の行事に参加するというような内容の条件を付することもできるとした事例があります（ソウル高等法院86ル313〔訳者注：ソウル高等法院1987年3月13日判決〕）。

⑷　養育者の決定基準

　家庭法院が子の養育者を定める際，親権者であるか否かにかかわらず，子の年齢，父母の財産状況その他一切の事情を考慮して父母の一方を養育者と定め，又は双方に養育事項を分担させることができる。このとき優先的に考慮しなければならないのは，父母の権利ではなく子の福祉である（大法院90ム828，同90ム835〔訳者注：いずれも大法院1991年7月23日判決〕）。もっとも，父母の双方を子の共同養育者と定めることについて大法院は以下のような立場をとっている。すなわち，「裁判上の離婚をする場合，父母の双方を子の共同養育者として定めることは，父母が共同養育を受け入れる準備ができているかどうか，養育に対する価値観の面で顕著な差があるかどうか，父母がお互いに近所に居住して養育環境が類似しているために子に経済的・時間的な損失が少なく，環境適応に問題がないかどうか，子が共同養育の状況を受け入れるための理性的・感情的な対応能力を備えているかどうかなどを総合的に考慮し，共同養育のための条件が整ったとみることができる場合に限り可能である」としている（大法院2018ム15534〔訳者注：大法院2020年5月14日判決〕）。

　他方，子の養育に関する審判事件において，子が13歳以上である場合は，家庭法院は審判に先立ってその子の意見を聞かなければならない。ただし，子の意見を聞くことができない場合，又は子の意見を聞くことがかえって子の福祉を害する特別な事情があると認められるときは，この限りでない（家事訴訟規則100条）。

⑸　養育費の負担

　父母は子を共同で養育する責任を有し，養育費も父母が共同で負担するのが原則である。しかしながら，何らかの事情により，父母の一方のみが子を養育する場合には養育親が他方に対して現在と将来における養育費の適正な分担を請求することができる（大法院92ス21全員合議体〔訳者注：大法院1994年5月13日決定〕）。非養育親が養育費を負担するのではなく，養育費はまずは共同で負担し，子を直接養育している父又は母に対して非養育親が自己の負担すべき養育費を支払うということである。したがって，離婚の場合に父母の一方だけが養育者となると，他方はその負担すべき養育費を支払わなければならず，養育者が祖父母などの第三者の場合には，父母の双方が養育費を支払わなければならない。

　「養育費を共同で負担する」からといって，同じ額の養育費を負担しなければならないというわけではない。具体的な養育費の額は子の年齢や父母の財産状況等を考慮して定められるものであるから，あらゆる家庭で同じ養育費が定められることはなく，父母の各自が負担する養育費の額が異なる場合もある。

　Q．養育費の支払はいつまで受けることができますか？
　A．養育費は子が成年（19歳）に達するまで支払を受けることができます。
　　　しかし，父母の協議があれば，成年年齢に達した後も養育費の支払を受けることができ，調停で成年に達した後も養育費の支払を約束することも実際にあります。

　Q．非養育親の年齢が19歳未満（未成年者）場合にも，養育費を請求することができますか？
　A．原則として養育費は非養育親が支払うものです。しかし，非養育親が扶養能力のない未成年者である場合には，その親（＝祖父母）に養育費の支払を請求することができます（養育費履行法3条2項）。

Q．非養育親が親権を放棄した場合にも養育費の支払を受けることができますか？

A．はい。親権者でないからといって親子関係が消滅するわけではありません。したがって，親権を放棄したとしても，非養育親は養育費を支払わなければなりません。

Q．子の出生の事実を子の実父が知りませんが，このような場合にも養育費を請求することができますか？

A．実父に養育費を請求するためには，まず実父の認知が必要です。認知を拒否している場合には，認知の訴えを通じて家族関係登録簿に実父を子の父親として登録した後，養育費（過去の分と合わせて）を請求することができます。

Q．非養育親又は養育親が第三者と婚姻すると養育費はどうなりますか？

A．非養育親又は養育親が第三者と婚姻しても親子関係は消滅しません。いかなる場合でも，非養育親は依然として子に対する養育責任がありますので，養育親に養育費を支払わなければなりません。ただし，養育親の新配偶者がその子と親養子縁組（訳者注：日本法の「特別養子縁組」に相当する概念である。）をした場合には，親養子縁組が確定した時から非養育親との親子関係は消滅します。これにより，扶養等の権利義務も消滅しますので，親養子縁組が確定すると，非養育親に対し，もはや養育費の支払を請求することはできません。

(6)　養育費の計算方法

養育費は，離婚時に夫婦が協議で定めることができるが，協議が困難なときは，家庭法院に請求し，又は家庭法院が職権で養育費を定めることもできる（民法837条）。家庭法院は，子の養育費請求事件において特に必要があると認めるときは，職権で又は当事者の請求により，当事者の財産状態を具体的に明らかにした財産目録の提出を命ずることができる（家事訴訟法48条の2）。

財産目録の提出を命じられた者が正当な事由なくその提出を拒否し，又は虚
偽の内容の財産目録を提出したときは，1千万ウォン以下の過料に処せられ
る（同法67条の3）。この財産開示手続〔訳者注：韓国法では「財産明示手続」とい
う。〕によって提出された財産目録だけでは子の養育費請求事件の解決が困
難なときは，職権で又は当事者の申立てにより，当事者名義の財産について
照会することもできる（同法48条の3第1項）。

　(7)　養育費算定の基本原則

　養育費算定の基本原則は，子に父母の離婚前と同じ水準の養育環境を確保
することであり，父母に現在の収入がなくても，子の養育費については最低
限度の分担をしなければならない。ソウル家庭法院は，裁判離婚時における
養育費算定のための基礎資料として，「養育費算定基準表[8)]」〔訳者注：以下
「算定表」という。〕を用意し，離婚調停室に備え付けている。算定表上の標準
養育費は，子が2人いる4人家族の世帯における子1人当たりの平均養育費
である。父母の合算所得は，税引前の勤労所得と営業収入だけでなく，不動
産賃貸収入，利子所得，政府補助金，年金などをすべて合算した収入の総額
を基準とする。子の年齢及び父母の合算所得を基準に標準養育費を算定し，
これに加算・減算要素を適用して養育費の総額を確定する。この総額から父
母の分担割合を決定し，非養育親が支払う養育費を算定する。一般に，非養
育親の養育費分担の割合は60％程度である。

　算定表による算定があっても，父母の協議が成立した場合はその協議が優
先されるのはもちろんである。離婚調停において子の養育費について出し惜
しみをすると，財産分与において不利になることがあり得るので，算定表に
よる養育費よりかは若干多く支払われるものと思われる。

　(8)　養育費の支払方法

　養育費の支払方法に特段の制限はない。一時金で支払われることもあれば，
定期金で支払われることもある。また，金銭を受け取ることもあれば，土地
や建物など現物の引渡しを受けることもある。通常は「毎月いくらずつ支払
う」という定期金で支払われる。

Q．養育費が本当に子のために使われているか信用できません。養育費を支払う代わりに子に必要なものを直接買い与えたり，学習塾の費用などを直接決済したいのですが，このような方法で養育費を支払うことはできますか？

A．常にそのような方法で支払うことができるわけではありません。養育親がそのような方法に同意している場合であれば問題ありませんが，同意しない場合は，養育費支払や使途に制限を置くことが問題となることがあります。例えば，原告が養育費として30万ウォンを，被告が50万ウォンを負担することにし，両者の間で合意された一つの預金口座を開設してカードの発行を受け，養育費を支出してその内訳を四半期ごとに相手方に知らせるという方法により養育費の支払を命じた判決に対し，養育費の使途を特定することは養育者の裁量を過度に制限するものであるとした判例があります（大法院2019ム1530〔訳者注：大法院2020年5月14日判決〕）。

2　養育事項の変更

家庭法院は，子の福祉のために必要と認められるときは，父，母，子又は検事の請求又は職権で，離婚時に当事者が協議し，又は家庭法院が定めた子の養育事項を変更し，又は他の適切な処分をすることができる（民法837条5項）。この変更は，当初の決定後に何らかの事情変更があった場合だけではなく，当初の協議や決定自体が不当な場合も可能である。

⑴　養育費の額の変更

離婚時に定められた養育費を維持することが父又は母のいずれかにとって不適切である場合に，その額や支払方法等を変更することができるかが問題となることがある。例えば，協議離婚の際に未成年の子を養育する父又は母に養育費の名目で賃貸借契約に付随した保証金返還請求権を譲渡する内容の協議が成立した後に養育費の支払を請求した事例がある。この請求につき，民法第837条第2項に定める「養育費の負担部分の変更を求める趣旨」が含まれているものとみることができるかが問題となった。判例は，このような

養育費負担に関する審判請求は，当事者が協議で定めた養育費の負担部分の変更を求める趣旨であると解し，家庭法院は，当事者の協議事項が子の年齢，父母の財産状況その他の事情などに照らしてそれが不当かどうかを検討し，不当なものであると認めるときは，いつでもこれを変更することができるとしている（大法院98ス17・18〔訳者注：大法院1998年7月10日決定〕，大法院90ム699〔訳者注：大法院1991年6月25日判決〕，大法院92ス17・18〔訳者注：大法院1992年12月30日決定〕，大法院92ス21全員合議体〔訳者注：大法院1994年5月13日決定〕各参照）。

(2)　養育事項の変更基準

　合意された養育事項の内容が不当かどうかは，「子の福祉のために必要かどうか」を基準として判断されるべきであろうか。

　この点について判例は積極的な立場である。民法上，家庭法院は子の福祉のために必要と認めるときは，父，母，子又は検事の請求により又は職権で子の養育事項を変更し，又は他の適切な処分をすることができる（民法837条5項。以下「現行規定」という）。同じ内容を規律していた2007年12月21日改正前の民法第837条第2項は，「家庭法院は，諸事情を参酌して養育事項を定め，いつでもこれを変更することができる」と定めていた（改正前も家庭法院がいつでも養育事項を変更することができるという点は同じであった。以下改正前の規定を「旧規定」という）。

　旧規定施行当時における養育費の負担の変更について大法院は，家庭法院が決定した養育事項について，その後に当事者の協議により合意された養育事項を改め，家庭法院にその変更を請求した場合は，家庭法院は，当初の決定又は当事者が協議で定めた養育事項が旧規定でいう諸事情に照らして不当であると認められるときは，それを変更することができ，協議が成立した後に特別な事情の変更があったときに限って変更することができるわけではないと解した。これによれば，当事者が協議で定めた養育事項の変更を求める場合には，家庭法院は，当事者が協議で定めた養育事項が旧規定の定める子の年齢，父母の財産状況その他の事情などに照らして不当であるかどうかを審理し，それが不当なものであると認められる場合は，いつでもこれを変更することができるということになる。結論としては，従前の養育事項の内容

が不当かどうかは，「子の福祉のために必要かどうか」が基準となっている（大法院2018ス566〔訳者注：大法院2019年 1 月31日決定〕，大法院90ム699〔訳者注：大法院1991年 6 月25日判決〕，大法院98ス17・18〔訳者注：大法院1998年 7 月10日決定〕参照）。

(3)　養育費の額の調整（事情変更の原則）

一般に養育費を減額することが子の福祉にかなうとするのは困難であろう。したがって，家庭法院が養育費の減額を求める審判事件を審理する場合は，養育費の減額が子に与える影響を優先的に考慮する必要がある。すなわち，従前の養育費が定められた経緯とその額，減額後の額，当初定められた養育費の負担のほか婚姻関係の解消に伴って定められた慰謝料，財産分与などの財産上の合意の有無及びその内容，当該財産上の合意と養育費の負担との関係，財産状態の変更についての当事者の帰責事由の有無，子の数，年齢，教育程度，父母の職業，健康状態，収入，資金力，身分関係の変動，物価の動向などの諸般の事情を総合的に考慮して養育費の減額がやむを得ないものかどうか，そのような措置が最終的に子の福祉にかなうかどうかによって判断されなければならない（大法院2018ス566〔訳者注：大法院2019年 1 月31日決定〕）。

Q．養育費を受け取らない内容の合意をしましたが，改めて養育費の支払を請求することができますか？

A．可能です。子の養育事項は，父母が既に協議した場合又は家庭法院の審判で定められた場合であっても，子の福祉のために必要と認められる場合には変更することができます。当初協議した内容や，家庭法院の決定が子の福祉に適さない場合だけではなく，その後の時間の経過とともに予期せぬ事情の変更が生じたために変更がやむを得ない場合，又は決定された事項がその後の事情の変化により適切でなくなった場合も変更することができます。

3　養育費履行の支援

合意された養育費の支払を受けることができなければ養育親の生活が困窮し，その影響はすべて子に及ぶことになる。養育費債務者が養育費を支払わ

ないときは債権者が行動を起こす必要が生ずる。それが子の利益のための正しい途である。

(1)　養育費の履行確保と支援のための立法措置

　非養育親の養育費履行を強化するための制度は，2000年代後半から整備され始めた。まずは2007年の民法改正により協議離婚時における養育事項に関する協議が義務化され（民法836の2第4項及び837条），2009年の民法改正により養育費の支払に関する協議を確認した家庭法院に養育費負担調書の作成を義務化する規定が新設された（同法836の2第5項）。また，既述のように，子の養育費請求事件において，家庭法院が当事者に財産目録の提出又は財産開示を命じることができるようになり（家事訴訟法48の2及び48条の3），子の養育費の直接支払命令及び担保提供命令の新設を主な内容とする家事訴訟法の改正がなされた（同法63条の2及び63条の3）。さらに2014年3月には，「養育費の履行確保及び支援に関する法律」（以下，「養育費履行法」という。）が制定され（2015年3月25日施行），これに基づいて養育費履行管理院（以下，「養育費履行院」という。）が発足し，国が養育費の履行確保と支援に積極的に介入できる法的根拠が設けられた[9]。

(2)　養育費の履行確保

　養育費が支払われない場合には，履行命令，養育費直接支払命令，担保提供命令，一時金支払命令，監置などの制度を通じて養育費の履行を確保することができるようになっている。もっとも，そのためには養育親が裁判所において手続を履践しなければならず，さらにはかなりの時間を要することから，そのような手間が省ける養育費履行院の支援を受けることは，養育親にとって好都合である。

　他方，養育費履行院が発足した後も養育費履行率が依然として低いのが現状であるところ，故意に養育費を支払わない養育費債務者に対して実効性のある制裁を科すことができるよう養育費履行法が継続的に改正されている。2020年6月9日改正の養育費履行法（2021年6月10日施行）は，養育費債務者が債務不履行により監置命令を受けたにもかかわらず債務を履行しない場合，管轄の地方警察庁長に対し，当該養育費債務者の運転免許の停止処分を求め

ることができるようにした（同法21条の３第１項６号）。また，2021年１月12日改正法（2021年７月13日施行）は，養育費債務の不履行により監置命令を受けたにもかかわらず債務を履行しない者に対し，出国禁止措置（同法21条の４第１項）及び個人情報の公開を可能とする法的根拠を用意した（同法21条の５第１項）。

⑶　養育費履行院の役割

　前述のように，2014年３月24日に，「未成年の子を直接養育する父又は母が，未成年の子を養育していない父又は母から養育費の支払を円滑に受けることができるよう養育費の履行確保等を支援し，もって未成年の子の安全な養育環境を造成することを目的」として，養育費履行法が制定され，これに基づき女性家族部傘下にある韓国健康家庭振興院に養育費履行院が設置された。

　養育費の履行支援は養育親（養育費債権者）の申請により，非養育親（養育費債務者）から養育費の支払を受けることができるよう，当事者間の協議の成立，養育費関連の訴訟，取立，債務不履行時の制裁措置などを支援するものである。養育親は，それぞれの段階ごとに異なる支援機関を訪ねることなく，養育費履行院に対する１回の申請でワンストップの支援を受けることができる。養育費履行院の支援手順は，「養育費相談・受付⇒養育費関連協議成立の支援⇒養育費債務者の住所・勤務先照会⇒養育費請求訴訟等法律支援⇒養育費の取立支援⇒制裁措置」である。

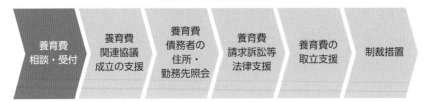

＜養育費の履行支援手続＞

⑷　**養育費の請求及び履行確保のための法律支援**

養育親は，非養育親の養育費の履行確保に関する法律支援を受けることが
できる（養育費履行法11条1項）。養育費履行院は養育費の請求及びそのための
認知請求，親権行使者・養育者の変更の申立などを支援する。養育費支払請
求は，非養育親と子との間に法律上の親子関係が存在することを前提とする
ものであるから，婚外子の場合には，まず認知の訴えを提起する必要がある。

⑸　**養育費の取立支援**

養育費履行院は，離婚後又は未婚の「ひとり親」が養育費の支払を円滑に
受けることができるよう養育費債務者との協議や，民事執行法上の強制執行，
家事訴訟法上の養育費の履行確保手続など養育費の取立のための法的手続を
進める（養育費履行法18条及び19条1項）。

⑹　**一時的養育費緊急支援**

一時的養育費緊急支援制度は，養育費の支払を受けられないことによって
子の福祉が害されるおそれがある場合に，養育費債権者に対して一時的に養
育費の緊急支援を行うことにより，子の安全な養育環境を確保するための制
度である。緊急支援の終了後に養育費債務者に対して徴収する方式を採用し
ている。もっとも，申請者全員が支援を受けられるわけではなく，所定の要
件をすべて満たす必要がある。

一時的な養育費緊急支援を申請する場合は，所定の書類を用意した上で，
訪問，郵送，オンラインのいずれかの方法により養育費履行院に書類を提出
する。書類が提出されると，支援要件を満たしているかを審査し，一時的養
育費支給審議委員会が支援の可否を決定する。特別な事情がなければ，養育
費債権者が緊急支援を申請した日から10日以内に緊急支援の可否を決定し，
緊急支援を実施しなければならない（養育費履行法施行令8条5項）。支援が決
定されると，子1人当たり20万ウォン（「ひとり親家族支援法」に基づく児童養育
費の支援を受けている場合には，子1人当たり10万ウォン）が支給される（同令8条3
項）。原則として9か月間支給されるが，子の福祉のために追加の支援が必
要な場合（危機的な状況が継続している場合）には，1回に限り3か月間延長す
ることができる（養育費履行法14条3項）。支給された額は，養育費履行院が国

税滞納処分の例により養育費債務者から徴収する（同法14条5項）。

(7)　養育費履行法の実効性

　養育費履行法の改正により，養育費債務者に対する監置命令だけでなく，滞納に関する資料の提出，運転免許の停止，出国禁止の処分が可能になった。また，養育費債務者の氏名，年齢，職業，住所（又は勤務先），債務不履行の期間及びその額などを公開することもできるようになった[10]。そして，養育費債権者が家庭内暴力の被害者である場合には，養育費履行院の長は，養育親の住居，職場，連絡先等が非養育親に知られることのないように適切な情報保護措置をとらなければならないと定められている。

　養育費履行法の改正後，2021年12月19日に養育費債務不履行者の氏名，生年月日，職業，住所，債務不履行の期間及びその額などが女性家族省のホームページに公開された事例がある[11]。また，養育費債務者に対して監置命令が下されたにもかかわらず養育費債務を履行しない養育費債務者に対し，女性家族部大臣が2021年10月6日に法務省に出国禁止を要請して同月11日に出国禁止とされた事例もある[12]。

Ⅳ　離婚後の面会交流権

　離婚後，子を直接養育していない父母の一方と子は互いに会う権利を有する。これを面会交流権といい，父母の離婚後，子を直接養育していない父母の一方が子と直接会ったり連絡や接触する権利をいう。父母が面会交流権を行使することができないときは，その直系尊属（祖父母）が面会交流権を行使することもある。また，子の福祉のために必要なときは，それが制限され，又は排除されることがある。

1　面会交流権の主体

　子を直接養育しない父母の一方とその子は互いに面会交流をする権利を有するが，例外的に子を直接養育していない父又は母の直系尊属も互いに面会交流をする権利を有する（民法837条の2第1項及び2項）。

　2005年3月31日の民法改正前は，父又は母にのみ面会交流権が認められ，

子は面会交流権の主体ではなく客体として認識されているという問題があっ
た。そこで，子にも面会交流権を認める改正がなされ，児童の権利条約に規
定されている「児童の利益の最優先の原則」を実現するとともに，児童の権
利が強化されることが期待された。しかしながら，子を直接養育していない
父又は母の死亡や入院，兵役，刑務所への収監などやむを得ない事由により
面会交流権を行使することができないときは，子が父方と母方のいずれか一
方とのみ交流を持つことになり，両方とバランスのとれた関係を維持できな
くなることが往々にして生ずる。これでは子の心理的安定と健全な成長に悪
影響を及ぼしかねず，このような場合には祖父母にも面会交流権を認め，最
低限度の交流を継続することができるようにする必要があるとの指摘がなさ
れていた。そこで，2016年12月 2 日の民法改正により，子を直接養育してい
ない父又は母に上記のようなやむを得ない事情により面会交流権を行使する
ことができないときは，当該親の直系尊属が家庭法院の許可を得て，孫と面
会交流ができるものと改正された。つまり，親の権利とされていた面会交流
権が子の権利とされ，さらには祖父母の権利にまで拡大したのである。祖父
母が面会交流を請求した場合，家庭法院は，子の意思，面会交流を請求した
者と子との関係，請求の動機その他の事情を考慮しなければならない。

Q．兄弟や姉妹が面会交流を請求することはできませんか？
A．民法上，明文で兄弟間の面会交流権は認められていませんが，兄弟の
　　面会交流権は憲法上の幸福追求権又は憲法第36条第 1 項に規定する個人
　　の尊厳に基盤をおいた家族生活から導かれる憲法上の権利として，特別
　　な事情のない限り，父母の一方が他方に対して有する敵対的な感情から
　　離婚後に父母の下で別々に暮らしている子同士の面会交流を妨げること
　　は父母の権利濫用に当たり，子が互いに定期的に面会交流をすることを
　　切に望んでいるなどの理由で兄弟姉妹間の面会交流を認めた事例があり
　　ます（水原地方法院2013プ33決定[13]〔訳者注：水原地方法院2013年 6 月28日決定〕）。

Q．一度定められた面会交流権を制限し，又は変更することはできますか？

A．必要であれば可能です。家庭法院は，子の福祉のために必要なときは，当事者の請求又は職権で面会交流を制限し，排除し，又は変更することができます（民法837条の2第3項）。なお，面会交流権の本質は子の福祉の増進にありますので，その制限は一時的なものでなければならず，また，永久に放棄することもできません。面会交流の処分又は制限，排除，変更に関する審判は，父又は母，子を直接養育していない父又は母の直系尊属，子を直接養育している父又は母の一方が他方を相手方とする必要があります（家事訴訟規則99条2項）。

Q．面会交流権を第三者に譲渡し，又は放棄することができますか？

A．民法第837条の2は，第837条（離婚と子の養育責任）の特別規定であり，面会交流権の性質からしてこれを譲渡し，又は放棄することはできません。

Q．面会交流権は裁判上の離婚をする場合にも認められるのでしょうか？

A．はい。裁判上の離婚についても，協議離婚の場合に認められる面会交流権に関する規定が準用されています（民法843条による837条の2の準用）。また，事実婚の解消の場合にも同規定が類推適用されています。

2　面会交流権の行使方法

面会交流の行使の有無及びその方法については，夫婦が協議で定める（民法837条1項・2項）。その内容が子の福祉に反するものである場合には，家庭法院は，補正を命じ，又は職権で定めることができる（同条3項）。父母の協議が困難なときは，職権で又は当事者の請求により家庭法院が定める（同条4項）。

3　面会交流の強制

　非養育親が面会交流権を必ず行使しなければならないわけではないが，面会交流権者の請求に対して相手方が協力しないときは，次の手続をとることができる。

　まず，子との面会交流義務を履行しなければならない者すなわち養育親が正当な理由なくその義務を履行しない場合は，家庭法院に対して履行命令の申立てをすることができる（家事訴訟法64条1項）。家庭法院が面会交流の履行命令を発するときは，特別な事情がなければ，事前に当事者を尋問し，その義務を履行するよう勧告しなければならず，家事訴訟法第67条第1項及び第68条に規定された制裁を告知しなければならない（家事訴訟法67条2項）。それでも相手方が面会交流を認めない場合は，家庭法院は，職権で又は当事者の請求により決定で過料を課すことができる（家事訴訟法67条1項）。ただし，幼児の引渡請求の場合とは異なり，監置命令を求めることはできない。養育親が監置されると，養育に空白が生じ，子の安全と福祉が害されるおそれがあるためである。

　Q．面会交流の履行命令に違反した場合にはどのような制裁を受けますか？
　A．面会交流の当事者又は関係人が正当な理由なく面会交流の履行命令に違反したときは，家庭法院，調停委員会又は調停担当判事は，職権で又は権利者の申立てにより，決定で1千万ウォン以下の過料を課すことができます（家事訴訟法67条1項）。

　Q．面会交流権があるにもかかわらず，子が面会交流を望まない場合は子に会うことができませんか？
　A．1泊2日間子と一緒に過ごし，断絶されていた非養育親と子の間の関係を回復するきっかけを用意するために設けられた「子ども愛家族キャンプ」に参加することを法院から勧められた非養育親が，上記のキャンプに参加することを二度にわたって拒否し，子の感情を顧みることなく

一方的に自分の立場だけを強調して面会交流を求めることは，いかなる
準備も努力もしないまま子の意思に反して面会交流を行うということで
あり，かえって子の成長と情緒の安定のために望ましくないという理由
で，非養育親との面会交流を認めなかった事例があります（ソウル家庭法
院2009ブ12〔訳者注：ソウル家庭法院2010年11月15日決定〕）。

4　養育費履行院による面会交流の支援

養育費履行院は，子を直接養育していない父母の一方と子が互いに会い，
連絡を取りながら関係を深めることができるよう支援を行っている。非養育
親と子との絆を強化し，養育責任に対する協力の重要性を認識させるために，
面会交流に関する相談，仲裁，協議などを支援する個別の面会交流支援サー
ビスを提供している。また，非養育親と子との関係を篤くするためのプログ
ラム（例えば，教育や文化イベントなど）も実施している。

V　今後の課題

1　「親権」と「親権の行使」という概念

本来，韓国では「親権」と「親権の行使」とが異なる概念であったが，
1990年に民法が改正され，「親権の行使」という用語が民法をはじめとする
関係法令の条文から消えるようになった。しかしながら，「親権」ではなく，
親権の「行使」と読むべき規定が今なお残存している。例えば，離婚の場合
に「誰が親権者になるか」を父母の協議又は家庭法院の職権で定めるように
なっているが，厳密にいえば，「親権者」を定めるのではなく，親権の「行
使者」を定めるのではないかという疑問がある[14]。

2　共同親権・共同養育の可能性を高めるための父母教育の強化

韓国の離婚の実情からすると，離婚の過程で葛藤を引き起こしている夫婦
に，離婚後の子の養育のために仲良くしてもらうことを期待するのは無理で
あろう。このような状況下で，漠然と共同親権・共同養育を謳うのは空しい
気がする。子の福祉のために真に「共同」が必要であるとするならば，婚姻

前から婚姻中，そして離婚の直前と離婚後において夫婦がいかなる関係に置
かれるのか，そして，父母と子はいかなる関係に置かれるのかを夫婦に明確
に認識させ，望ましい配偶者と父母としての役割を果たすことができるよう，
継続的に教育を実施できる社会的なインフラを構築しなければならない。心
から生ずべき行動や役割を，言葉や号令だけでその実践を期待することは無
理である。

3　未成年の子に対する養育責任を今後も個人（父母・祖父母など）だけが負担するのか，それとも国・地方公共団体もその全部又は一部を負担するのか

　以前から筆者は，未成年の子に対する国家と地方公共団体などの役割につ
いて，高齢者に準じた待遇を未成年の子に実施する必要があると主張してき
た。韓国では65歳以上の者が高齢者に該当するが，そのような高齢者は，平
均寿命からすると死亡するまでの約20年間，国家と地方公共団体からの様々
な恩恵に与っている。19歳未満の未成年者にも高齢者と同様の各種の恩恵を
与えても，せいぜい18年間にすぎないのである。福祉国家の時代において，
新しい未成年者ケアシステムを構築するための思考の大転換が必要である。

4　ひとり親の養育責任は離婚後の父母の養育責任と異なるものか

　子に対する養育責任に状況による程度の差異は存在しない。もっとも，ひ
とり親の場合は，その責任を一人で負担しなければならないから，離婚後の
養育責任よりその荷が重い。その重さの分だけ，国家と地方公共団体の役割
が重要である。

5　面会交流権の主体を兄弟姉妹まで拡大するか

　1990年の民法改正により面会交流制度が新設された際，批判的な意見がな
かったわけではない。子のための権利というよりは，父又は母の権利として
認識されていたからである。その後の改正を重ねて，面会交流は子の権利と
しても定められた。このような面会交流の立法と改正過程での論議をみると，

その権利の主体を父母と子のみとするのは，権利の本質に沿った流れではないと思われる。何人も，誰にも会える権利が憲法上保障されていると解すべきではなかろうか。だとすると，明文の規定はさておき，その権利の性質からして兄弟姉妹の間はもちろん，少なくとも民法上の家族（又は親族）間の面会交流も当然認められるべきであろう。

6　面会交流は対面でなければならないか

面会交流制度が新設された当時は，対面以外にその手段や方法が多様化していなかった。現在は研究や企業の会議，大学の講義，病院の診療など多くの社会活動が非対面の方法により実施されており，面会交流についても非対面で実施することが可能ではないかと考えられる[15]。

7　子の福祉のための面会交流

ソウル家庭法院が現在実施している面会交流は，非常にシンプルで枠にはまった形式的なものとなっているが，子の福祉のためには，より多様な面会交流の方法を講じる必要がある。これは予算と場所の問題に直結する。韓国の法院の予算が潤沢とはいえず，また，場所も十分に確保できないのが現状である。であれば，注15で述べたように，対面による面会交流に固執せず，多様な方法を用いて実質的な面会交流を実施することが望ましいといえる。

【注】
1）家庭法院は，未成年の子のいる夫婦の裁判上の離婚事件を審理するときは，その請求が認容されるときに備えて父母に未成年の子の親権者と定められるべき者，未成年の子に対する養育と面会交流権についてあらかじめ協議するよう勧告しなければならない（家事訴訟法25条1項）。この勧告は，婚姻の取消事件を審理するときもなされる。
2）民法は，裁判上の離婚による損害賠償責任に関し，婚約の解除と損害賠償請求権に関する規定を準用している（民法843条・803条）。
3）第909条は1990年に全面改正され，その後2005年3月31日及び2007年12月21日に改正された。
4）家庭法院が職権で親権者を定める際の最も重要な基準は「子の福祉」である。親権をめぐる父母の争いそれ自体が子によくない影響を与える可能性が高いといえる。したがって，そのような場合には，当事者の協議が調わないと判断して，家庭法院が迅

速に介入することが望ましいと思われる。

5）民法第909条第4項は，原則として単独親権を規定したものであろうか。父母の婚姻中は共同親権であることが明らかであるが（同条2項），離婚の場合に共同親権と単独親権のいずれが原則かについては，法文上明らかではない。とすると，離婚をしようとする父母が協議し，その協議が子の福祉に反しないものであるときは，共同親権と単独親権のいずれも可能であると解するのが合理的であるといえる。

6）結局これらすべては予算の確保につながる問題である。しかし，家庭法院をみても予算が十分ではないのが実情である。婚姻適齢に達した男女を対象とした公益的な広報活動（婚姻の肯定的な側面と子の養育の重要性に関するもの）を持続的に行う必要がある。

7）父も母も親権の行使についていかなる差別も受けることはないから，共同親権が多くない理由として父系血統主義の影響を挙げることは適切ではないと思われる。

8）この基準は2017年に作られたもので，養育費の額が経済状況の変化を反映していないという指摘があった。そこで，物価上昇率等現実に合わせて養育費を上方修正した2021年改正基準が2022年3月1日から適用されている。

9）養育費履行法について詳細な説明が求められたが，多くの論考及び研究が蓄積されており，紙幅の制約もあるので，詳細な説明は省くこととする。

10）ただし，このような公開をする場合には，養育費債務者に対して3か月以上の期間を定めて疎明の機会を与えなければならない。

11）http://www.mogef.go.kr/io/ind/io_ind_s065.do（2021年12月20日検索）参照。

12）http://www.mogef.go.kr/nw/rpd/nw_rpd_s001d.do?mid=news405（2021年12月20日検索）参照。

13）甲と乙が離婚し，各自が両名の子である丙と丁の親権者および養育者にそれぞれ指定されたところ，丙と丁との間の面会交流を認めるかが問題となった事案において，民法上明文で兄弟についての面会交流権は認められていないが，兄弟に対する面会交流は憲法の幸福追求権又は憲法第36条第1項の規定する個人の尊厳に基盤をおいた家族生活から導き出されるものであり，特段の事情のない限り，父母の一方が他方に対して有する敵対的な感情を理由に，離婚後に父母の下で別々に暮らしている子同士の面会交流を妨げることは父母の権利濫用に当たり，子が互いに定期的に面会交流をすることを切に望んでいるなどの理由で兄弟姉妹間の面会交流を認めた事例である（https://glaw.scourt.go.kr/wsjo/panre/sjo100.do?contId=2130331&q=2013%EB%B8%8C33&nq=&w=panre&section=panre_tot&subw=&subsection=&subId=&csq=&groups=&category=&outmax=1&msort=s:6:0,d:1:1,p:2:0&onlycount=&sp=&d1=&d2=&d3=&d4=&d5=&pg=0&p1=&p2=&p3=&p4=&p5=&p6=&p7=&p8=&p9=&p10=&p11=&p12=&sysCd=&tabGbnCd=&saNo=&joNo=&lawNm=&hanjaYn=N&userSrchHistNo=&poption=&srch=&range=&daewbyn=N&smpryn=N&idgJyul=&newsimyn=&trtyNm=&tabId=参照）。この事件は，第1審の審判を変更したものであるが，当時は水原家庭法院が設置されておらず，水原地方法院の審判である。なお，水原家庭法院は2019年3月1日に設置された。

14）既に多くの文献で「親権は放棄できない」と説明されている。つまり，親権とは，父母が恣意的に放棄したり，第三者に譲渡することができる性質のものではない。しかし，離婚の場合だけをみても，父母の「協議」で容易に親権を放棄することができるのであり，家庭法院も職権で親権を「剥奪」することができることになっている。

15）筆者は，自身の家事調停の経験から，離婚をしようとする当事者が調停室で向かい
　　合うと顔を赤くして対立する場合がほとんどなのに，調停を対面で実施することが果
　　たして効果的であろうかという疑問を持っている。施設や設備さえ整えられれば，当
　　事者が家庭法院に出頭することなく，非対面による離婚調停も可能ではないかと考え
　　ている。面会交流についても，非対面で行うことができれば，時間と費用の節約にな
　　るだけでなく，面会交流の回数を増やすことができるなどの利点も多いと期待される。
　　ソウル家庭法院に積極的に提案するつもりである。

（WOO, Byoung-Chang／淑明女子大学校教授）

離婚後における親子関係に関する 韓国法制の課題

文　興　安

訳：金　亮　完

＊訳者注：原文の意味を損なわない必要最小限度の範囲で，原文の用語，段落，表現を修正した箇所がある。

I　はじめに

　韓国では，協議離婚の過程で生じる未成年の子についての親権，養育権，養育費，面会交流権等の問題について家庭法院が積極的に介入することができるよう法律が整備され運営されており，その実効性もある程度は担保されている。少なくとも法律上は，離婚後における夫婦と未成年の子との関係についてひとまず整備されているとみることができる。しかしながら，その過程で用いられている法理が論理的なものかについては幾分かの疑問があり，また，離婚の過程における「未成年の子」についても，法律がいかに手厚い地位を付与しているとしても，父母の離婚の「対象」にとどまっているように思われる。このような問題意識から，離婚において未成年の子を「主体」として保護するための方策について検討することとしたい。

II　離婚した父母の共同親権

1　現行民法の態度

　韓国において「親権」の概念は，紆余曲折を経た末に，父の子に対する支配権から脱皮している[1]。すなわち，未成年の子は，1990年の民法改正を機に，父権（親権）の対象から父母双方の親権の対象となり，親権は子の保護

と教養のための父母双方の義務であると同時に権利として位置付けられた[2]。とはいえ，夫婦の共同親権は，原則として婚姻中にのみ認められ，離婚後には父母の一方にしか親権が認められないことを前提としていた（民法909条4項）。共同親権が認められることもあったが，これはあくまでも例外的な場合であった。親権の行使のための必要な措置は，適時かつ迅速になされなければならず，いったん実行されると，子の安定的な成長のために可能な限り一貫して維持されなければならないが，父母が婚姻共同生活をしていない場合には，そのような要請を実現することが困難なためである[3]。

2　単独親権とすべき必然性の検討

離婚により意に反して親権者とならなかった父母の一方の法的地位をどのように理解するかについては疑問が残る。離婚の際に共同親権の合意に至らなかった，親権を有しない父母の一方は未成年の子に遺伝子を伝達したにすぎない存在であろうか。また，親権を有しないにもかかわらず離婚手続において必ず必要とされる養育費の負担や面会交流権の実施の根拠は何であろうか。離婚は親権の「喪失」事由となるということだろうか。そうでないとするならば，離婚により「親権」を認めてはいけない必然性はどこにあるのだろうか。単独親権を原則としている現行法の下において，当事者の意思によるものであろうと，法院の決定によるものであろうと，共同親権が認められる場合をどのように理解すべきなのか，疑問が絶えない。

では，まず離婚により父母の一方のみを親権者とする単独親権に固執しなければならない実益があるかについて検討する。まず，離婚後父母の一方にのみ親権があるとするならば，父母各自の親権行使の衝突を未然に防ぐことはできる。しかしながら，2014年の民法改正で新設された「親権の一部制限」（同法924条の2）制度は，そのような親権行使の衝突を調整する役割を果たしているのではなかろうか。「親権の一部制限」制度を導入した趣旨[4]も，そのような意味で理解することができる。また，下級審においても，離婚後に父母の共同親権を認めつつ親権を一部制限する内容の調停を成立させ，未成年の子の基本証明書に親権の一部制限の趣旨を記載した事例[5]があるなど，

単独親権に固執すべき実益を見出すことは困難であるといえる。

　次に，単独親権により非養育親あるいは未成年の子が被る不利益を考えてみる。最近，児童虐待が社会的に大きな問題となっているが，親権を有しない実父の失踪申告が受理されなかったために，幼い命が失われるという痛ましい事件があった[6]。また，親権を有しない父母の一方は，未成年の子と連絡がとれない場合，未成年の子の住民登録表抄本[7]や出入国に関する事実の証明書[8]の発給を受けることができず，子が通っている学校を知る方法もないために[9]，未成年の子の所在を把握することもできない。

　思うに，単独親権に固執するのは，前近代的な家父長制家族制度の下での「家」を維持するためであり，離婚により「家」から離脱した妻には親権を認めることができないという歴史的残滓を顕在化させるだけである。1990年の民法改正により離婚後は母も親権者となることができるようになっており，離婚に親権を連動させる必然性はなくなったといえる。

3　親権と養育権

　子を保護し教養するための権利義務の総体が親権である以上，これに養育に関する事項が含まれるのは当然である[10]。にもかかわらず，民法第837条が親権について言及することなく「養育」についてのみ規定しているのは，沿革的な理由によるものである。

　民法の立法者の「養育」に対する基本的な考え方は，「民法案審議録」（以下，「審議録」という。）から垣間見ることができる。離婚と子の養育責任に関する審議録第830条（制定民法837条）前段によれば，「当事者間にその子の養育に関する事項の定めがなかったときは，その養育の責任は父にある」と定め，後段は，「前項の養育に関する事項は，協議が調わないとき又は協議をすることができないときは，法院が，当事者の請求により，子の年齢，父母の財産状況その他の事情を斟酌して養育に必要な事項を定め，いつでもその事項を変更し，又はその他適当な処分をすることができる」と定めていた[11]。この規定に対する立法者の審議意見は，「本条は，子の養育に必要な範囲内においてのみ協議又は処分することができるということを趣旨とす

る。したがって，子に対する教養，懲戒，営業の許諾，取消し，制限，財産
管理等の権利義務には影響がないということを明確にする必要がある」とい
うものであった。つまり，立法者が考えた「養育」とは，親権者の親権の内
容[12]にいかなる影響も及ぼさず，未成年の子と実際に生活を共にし，子を
保護しながら必要な世話をする行為とみていたと考えられる[13]。審議録第
830条によれば，父母が離婚時に未成年の子の養育に関する事項について協
議をしなかった場合には父に養育責任があるが，母が養育責任を負うと協議
した場合には，例外的に母が子を養育することができることになる。とはい
え，母は子に対する教養，懲戒，営業の許諾，取消し，制限，財産管理等の
権利を行使することはできず，養育の義務のみを負担するとされていた。

　一方，親権者については，当初，審議録第904条（制定民法909条）が外国の
立法例に倣って未成年の子の父母としていたが，国会での審議の過程で，
「親権は，未成年の子に対して一次的に父が，二次的に母が行うものとし，
また，その父又は母は，同一の家籍内にいる子に限って親権者となるものと
修正」され，「未成年の子は，その家にある父の親権に服従する」と変更さ
れた。その後，字句の修正を経て制定民法第909条（親権者）第 1 項に，「未
成年の子は，その家にある父の親権に服従する」と定められ，第 2 項に，
「父の不在その他親権を行使することができないときは，その家にある母が
親権を行使する」と定められた。

　その結果，親権者たる父が子を保護し教養する権利義務を負担し（制定民
法913条），生活費も負担することから（制定民法833条），養育費もまた父の負
担とされた。ただし，父がいない場合又は親権を行使することができない場
合に限り，母が親権を行使することができたが，この場合も，母は子と同一
の家にいなければならなかった。したがって，母が離婚すると，その家から
除籍され，未成年の子と同一の家籍（戸籍）に存在しなくなることから，離
婚後は親権を行使することができず，子に対する養育責任も当然には認めら
れなかった。

　親権者に養育能力がなかったり，あるいは，父が母と離婚後に死亡した場
合には，未成年の子については後見が開始し，その家の戸主が扶養義務を負

うことになるから[14]，戸主が養育費の最終的な負担者となる。

　このように，養育責任は親権という強力な権利を前提として[15]，未成年の子を単にその所属する家の垣根の中で保護する内容として設定されていたのである。その結果，父が未成年の子を養育することができない状況（例えば，子が乳幼児の場合等）においては，権利義務を有しない，離婚した母に事実上の養育を委ねる必要が生じ[16]，ここで親権と区別された「養育」という概念が登場することになる。しかしながら，その後養育費に関する議論がされることはほとんどなく，この状況は1990年の民法改正まで続いた。

　父母と子との間には，父母の「親権」と子を「養育」（用語はともあれ）する事実行為があるだけである。親権は，父母各自が未成年の子が成年に達するまで親権喪失事由がない限り消滅することのない義務（子のための権限）と捉えるべきである。父母が離婚しても親子関係が断絶されないのと同様に，子に対する義務もまた消滅することはないのである。子を保護し教養するための権利義務の総体が親権である以上，これに養育に関する事項が含まれるのは当然である[17]。生物学的な親子関係を法的にコーティングしたのがまさに「親権」ということができよう。このような思考の延長線から，養育「権」は，「家」を離脱してから子を事実上養育せざるを得なかった母の地位を保障するための役割を果たした権利ではあったが，いまやその歴史的任務を全うした概念である。子と一緒に生活する父母の一方は，養育者[18]として十分な養育をしなければならず，子を直接養育していない他方は，その子のために養育費を負担しなければならない義務がある。このような権利義務の根拠が「親権」であると解すべきである[19]。

　父母の共同親権をめぐる現在の混沌とした状況は，時代の変化に合わせた「親権」に対する真摯な省察をすることなく，家父長制的家族制度の下での「親権制度」の枠組みを維持したまま，変化の要求があるたびにそれに応じて場当たり的な部分的改正が繰り返された結果ではないかと思われる。この問題に対する学界と実務との総体的な議論が必要である。

Ⅲ　子の福祉の最優先考慮

1　「子の福祉の最優先考慮」のための総論的な法制化への努力

　韓国においては，2005年の民法改正により，親権の行使及び家庭法院による親権者指定に際して子の福祉を最優先に考慮しなければならないという原則が初めて実体法に規定された（912条1項）。

　一方，法院行政処[20]は，家事訴訟法全部改正案において，変化している時代状況を反映し，未成年の子の福祉の確保を基本理念として定め（改正案1条），これを実践するために手続補助人制度等を導入しようとした。手続補助人制度は，人生に重大な影響を及ぼす家事裁判の手続において当事者又は事件本人となる未成年の子を援助するための制度である。原則として単独で法律行為を行うことができない未成年者は訴訟能力が認められず，現行法の下では本人にとって重要な意味を持つ家事事件において訴訟行為を追行することができないという問題がある。そこで，家事訴訟法全部改正案では未成年者にも訴訟能力及び非訟能力を認めつつ，実際の訴訟追行の不足を補う「手続補助人」制度を導入しようとした[21]。家庭法院は，事件の具体的な事情を考慮して未成年の子が当事者であるか事件本人であるかを問わず，当該手続において未成年の子の福祉を実現するために子の主観的な意思と客観的な福祉に関する調査を行う必要があると認める場合には，いつでも手続補助人を選任することができるものとしている[22]。ここでいう「未成年の子の福祉のために必要と認める場合」とは，未成年の子が意思疎通能力及び表現能力の不足により裁判手続において陳述することが困難な場合又はその他の理由により子の真の意思を把握することができない場合，法定代理人と実質的な利害関係が相反するなどの理由により子の客観的利益を代弁する第三者機関が必要な場合等，広く解釈することができよう[23]。

　このような手続補助人制度を導入するための試みは，未成年の子を，保護すべき「対象」から，自分の意見を開陳する権利を有する主体として認識するものとして，重要な意義を有するものである。もっとも，2020年5月国会の任期満了により自動廃案となり，立法には至らなかったが，今後の立法の方向性を示したものと評価することができる。

2　離婚手続における未成年の子の保護のための努力

　民法は，「子の福祉の最優先」を宣言しているが，未成年の子は父母の離婚という重大な現実に直面し，自らの利害に直結した意思を表明する機会さえ与えられていない。換言すると，迅速な離婚を望む父母にとって，未成年の子は離婚の障害物となることがある。真に「子の福祉の最優先」を目指すなら，父母の離婚において子の意見が反映されなければならず，父母に対してその権利を主張できなければならない。これまでのように未成年の子を受け身的な地位にある受恵の対象ではなく，積極的に意見を表明して自らの権利を主張する能動的な主体として捉えた手続制度の用意が喫緊の課題である。

(1)　相談前置主義と相談命令制度の立法化の試み

　2007年の民法改正により「離婚に関する案内」制度が導入されて以降，未成年の子がいる父母を対象に子の養育案内が実施されている。協議離婚が離婚全体の約80％を占めるなか，ほとんどの離婚当事者は離婚意思確認申請書の提出時と離婚意思確認期日にだけ出席しようとするため，ほとんどの法院では子の養育案内を毎日実施している[24]。

　子の養育案内は，法院別に家事調査官又は相談委員の中から委嘱された「子の養育案内担当者」が，「子の養育案内指針」に従って情報提供を中心とした集合型の案内を実施しているが[25]，協議離婚意思確認手続では法院が当事者に専門相談員による相談を受けるよう「勧告」することしかできず，手続的にこれを強制する方法は用意されていない。

　担当判事は，子の養育と親権者決定に関する協議が子の福祉に反する場合には補正を命じることができるが，当事者が補正に応じない場合は「不確認」として処理するほかなく[26]，当事者の意に反してでも職権で養育に必要な事項を定めることができない。その結果，未成年の子の保護という面では，裁判離婚より協議離婚に不十分な面が多い。

　このような実情からすると，離婚手続中の父母に対し，判事の判断で父母教育又は受相談を命じることができるような相談前置主義と相談命令制度の導入が必要である[27]。確かに，現行の離婚手続において専門家の相談を受けた後に離婚手続を進めることは，迅速な離婚の阻害要因となり得るが，父

母の離婚の重大な利害関係者である未成年の子を実質的に保護するためには
やむを得ないものと考えられる。

(2)　未成年の子のための教育資料発刊の努力

これまで法院は，離婚手続において未成年の子の保護に積極的ではなかっ
た。そこで，離婚手続において未成年の子がいる離婚当事者に対する父母教
育を通じて未成年の子を保護しようとしたのである。

離婚手続における未成年の子の視点からの教育の必要性は，2017年7月21
日に，児童の権益保護に熱心な判事，家事調査官，小児精神科専門医，弁護
士，教授，児童相談員などからなる「児童権益保護学会（Korean Society for
Child Rights Advocacy）」の提案[28]にその端を発する。これを受け，2018年に
は仁川家庭法院が，2019年には法院行政処が，それぞれ未成年の子のための
手引書[29]を発刊した。

離婚手続における未成年の子に対する教育の重要性は，今後手続補助人制
度と家庭法院での未成年者の意見聴取義務等の制度が新設されれば，その重
要性が増すと予想される。

3　離婚手続終了後の未成年の子の保護のための努力

(1)　養育費の性格と養育費確保のための努力

①　養育費の性格

養育費は，未成年の子の生命と健全な成長に直接に影響するものであり，
養育費支払債務の不履行は子に回復することのできない損害を与えかねない
ことから，支払の猶予が許されないものである。

ところで，現在，非養育親は親権を有しないまま養育費だけを負担するの
が実情である。離婚後は単独親権を原則とする見解に対しては，親権を有し
ない父母の一方が養育費を負担しなければならない根拠をどのように説明す
るのか，疑問である。単に遺伝上の親という資格から負担しなければならな
い道徳的債務であるとするならば，それは自然債務であり，これを法的に強
制することはできないはずであるから，論理的でないと考えられる。

他方，大法院は，養育費について，婚姻中は父母の未成年の子に対する第

一次的扶養に該当する生活維持的扶養として，子の保護・教養に要する費用もそれに含まれると解している[30]。すなわち，大法院は，父母は共同で子を養育する責任があり，それに要する費用も原則として父母が共同で負担すべきであるとし，このような費用の負担義務は親権ではなく，親子関係それ自体から導かれるものであるとする。その結果，養育費の負担義務は，親権者たる父母の一方については養育義務から，そうでない父母の一方については第974条の扶養義務から導かれるという結論に至る[31]。換言すると，非親権者の子に対する養育義務は，第二次的扶養義務を定めた第974条によることとなり，これは奇怪な論理であるといわざるを得ない。

　これに対し，離婚によっても親権は消滅しない（共同親権）とするならば，養育費の負担は，当然に親権に由来する義務と解されることになろう。

　②　養育費債務の履行強化のための努力

　非養育親の養育費債務の不履行に対しては，「養育費履行管理院」の積極的な取組によって養育費の取立が強化されているが，いまなお解決すべき課題も多い[32]。

　国会でも，養育費を安定かつ迅速に確保するための立法の動きが活発である。最近の立法としては，養育費債務不履行者に対し，一定の手続を経た上での運転免許停止処分の要請（養育費履行法21条の3。2020年6月新設），出国禁止の要請（同法21条の4。2021年3月新設），個人情報の公開（同法21条の5。2021年1月新設）等の立法がなされた。

　加えて，2020年以降に養育費履行法改正案として審議されている改正案の数は，現行の一時的緊急支援の期間を延長する内容の改正案が5件，一時的緊急支援を廃止し政府が養育費を立て替えた後に国税庁を通じて養育費債務者から取り立てる内容の改正案が2件である。他方，家事訴訟法については，養育費債務者に対する強制措置を強化する内容の改正案が4件，未成年後見人に養育費審判請求権を認める内容の改正案が1件である。これらの改正案が立法されるまでは長い時間を要するものと思われるが，公論化の過程を経て解決すべき課題であることに間違いない。

　さらに，より強力な養育費の取立を目的として，養育費支払債務の不履行

者に対して刑罰権を発動すべきであるという論議もある[33]。このような活動を牽引しているのは，「Bad Fathers」と呼ばれる一種の社会運動であった。養育費支払債務の不履行に対する法的制裁措置の強化を促すために，養育費解決会合が運営するウェブサイト「Bad Fathers[34]」には，養育費を支払わない非養育親の顔や実名等の個人情報が2018年7月から公開されている。これに対しては，上記サイトのボランティアたちによる個人情報の公開行為が「情報通信網利用促進及び情報保護等に関する法律」違反（名誉毀損）に当たるかが問題となった。2020年1月に水源地方法院は，国民参与裁判で行われた裁判において，7人の陪審員全員が無罪評決を下し，裁判部も被告人（ボランティア）らの活動は，養育費の支払を受けていない多数の養育者が苦境に立たされている状況を伝え，その支払を促すことが目的があって，公共の利益のために行われたものとみることができるとして，無罪を言い渡した[35]。非養育親の養育費不払いに対する社会の認識が変化していることを示した評決及び判決であると評価できる。いまや養育費債権は，単なる非養育親に対する債権ではなく，未成年の子の生存に直結した公益的価値を有する債権として認められているといえる[36]。この判決は，養育費債務の不履行者に対してより強力な刑罰権を発動すべきであるという主張の根拠にもなっている。

⑵　面会交流権とその実行をめぐる問題

①　面会交流権の必要性

　人間は社会的動物である。親子関係は出生と同時に自然に形成される社会の最も基本的な単位であり，家庭は，社会性を養う最も基礎的な組織である。韓国のように血縁を中心とした紐帯関係を重視する社会では，なおさらその影響力が大きいといえる。だからこそ，未成年の子が心理的な安定を基盤として自己同一性を確立し，精神的幸福を追求し，さらに社会成員として自立するためには，父母等との交流が特に保護されなければならない[37]。

　離婚は，婚姻により形成された親族関係を消滅させるだけであり，親子関係には何ら影響を及ぼさない。とはいえ，離婚後に親権を共同で行うとして

も，未成年の子は父母の一方に委ねられることが通常であるから，養育親と非養育親の対応次第では未成年の子に及ぼす影響が非常に大きいことがあり得る。法律上の親子関係は，父母の離婚によっても何ら影響を受けるものではないから，父母としての責任や未成年の子の権利を確実なものとするための努力も継続しなければならない。父母としての子に対する権利義務の総体が「親権」であるとするならば，未成年の子の社会性を育むために精神的・情緒的な支援[38]をする義務が，離婚とは無関係に父母の双方に発生する。この義務のひとつが「面会交流権」である。

②　面会交流権の法的性質

㋐　法律による制度化

前近代的な「家」のための家族制度のもとでは，面会交流権を保障する余地などなかった。面会交流権は，1990年の民法改正により父母共同親権主義が導入された後，離婚後「子を直接養育しない父母の一方」を主体とする権利として，民法の規定によって制度化された。その後，2007年の民法改正により，「子を直接養育しない父母の一方と子は，互いに面会交流をする権利を有する」と改められ，面会交流権の主体として子が加えられた。子の福祉を考慮し，面会交流における子の権利主体性を認めた立法であった。そして，2017年の民法改正により，非養育親の直系尊属に対しても，非養育親に一定の事由がある場合には面会交流権を行使できるものとされた。つまり，面会交流権は，明文の規定により認められた，非養育親の親権に基盤を置いた権利であると同時に子の権利でもあり，さらには血縁関係という特殊性から非養育親の直系尊属にも認められる権利となった[39]。

㋑　面会交流権者の拡大

面会交流権者の範囲を拡大するための現行法の根拠としてはどのようなものがあるのだろうか。これは，祖父母以外の親族に面会交流権を認めることができるのかという議論につながる問題である。

下級審では兄弟姉妹の面会交流権を認めていた[40]。すなわち，甲と乙が離婚し，甲は子丙の親権者，乙は子丁の親権者となったが，甲乙間の感情的な対立により，丙と丁が互いに面会交流を実施することを懇願しているにも

かかわらずそれを認めなかった事例において，下級審は，「たとえ民法が明文で兄弟間の面会交流権を認めていないとしても，兄弟に対する面会交流権は，憲法上の幸福追及権又は憲法第36条第1項で定める個人の尊厳を基盤とする家族生活から導き出される憲法上の権利」と判示した。

　面会交流権が非養育親の権利から非養育親と子の権利として，そして制限的ながら祖父母にまで拡大してきた背景には，子の福祉という理念がある。つまり，子が父母と定期的に接触をもち，関係を維持することが子の人格形成にとって望ましいということである[41]。とすれば，面会交流権を基本的に子の権利として位置付けた上で[42]，子・父母・祖父母等それぞれの立場に応じて面会交流の要件を別に定めるべきであり，面会交流権を認めるか否かも，それを考慮して相対的に定めるべきである[43]。

　2017年の民法改正案の改正理由によれば，「近年，共働きあるいは生活苦などによって直接子を養育することができず，祖父母や親族に子の養育を委託する場合が多いという現実に鑑みると，実質的に子の養育を担当した祖父母や親族にも面会交流権を認めることが子の心理的安定と健全な成長に寄与できる」としていた[44]。これを前提に改正案では，子の兄弟姉妹，祖父母その他相当の期間子の養育を担当した親族も，家庭法院の許可を得て，子と面会交流ができるものとしていたが，実際には面会交流権者の範囲を祖父母まで拡大するにとどめ，改正理由を活かすことはできなかった。しかしながら，今後面会交流権者の範囲を拡大するための根拠となるものと思われる。

　思うに，面会交流を，父母の離婚と家族の解体に伴う未成年の子の喪失感，人間関係における敗北感，新しい家庭環境への適応の困難等を緩和し，さらには子の拒否感，怒り，妥協，うつといった複雑な心理的副反応を克服し，もって社会生活における適応力を身に付けさせる制度として理解するならば，これを父母と祖父母に限って認める必要は必ずしもないといえる[45]。面会交流権者を判断するに際し，民法の規定は面会交流権の優先順位を定めたものと解釈すべきであって，明文で規定された者にだけその権利を帰属させるべきであると理解する必要はないと思われる。

⑶　面会交流の障害を解消するための努力

①　面会交流補助人制度の導入の試み

　未成年の子を直接養育する養育親が面会交流権を拒否したり，子の奪取の
おそれ等を理由に面会交流の実行を妨害する場合があり得る。養育親が離婚
で合意した面会交流に協力しない場合にこれを強制する方法はなく[46]，家
事非訟事件として面会交流審判の申立てをし，確定した審判書正本に基づく
過料等の制裁を通じてようやく履行を強制することができるが[47]，このよ
うな強制執行をしても形式的な面会交流で終わる可能性が高い。夫婦の離婚
後も父母と未成年の子ができる限り友好な関係を維持することが望ましく，
とりわけ非養育親と未成年の子との間でそのような関係を維持するためには，
円滑な面会交流の実施が重要である。

　面会交流が子の権利であるにもかかわらず，養育親と非養育親との葛藤に
より円滑に実施されない場合が多い。そこで，自発的で協力的な面会交流が
行われるよう，面会交流手続を補助する「面会交流補助人」制度を導入しよ
うとする試みがあった。法院行政処は，面会交流の強制執行に対しては様々
な問題と限界があるという理由で，強制執行とは別に，自発的な面会交流の
実施を補助するための制度として面会交流補助人制度を導入することを提案
したことがある[48]。しかしながら，法務部は，家事訴訟法全部改正案の起
草段階でこの制度を導入しなかった。面会交流補助人制度の実体法上の根拠
がなく，裁判手続が進行中の場合には手続補助人制度を活用できること，裁
判手続の終了後に権利の実現と義務の履行を助けるのは法院の任務ではない
こと，既に養育費履行管理院で面会交流支援サービスを実施していることな
どがその理由であった[49]。

　思うに，面会交流補助人の業務は，非養育親と子との面会交流の内容とそ
の実現方法に関するものであるから，家事訴訟法ではなく，民法で規律する
のが法体系上適切であると思われる[50]。併せて，面会交流の円滑な実施を
補助する業務は，司法ではなく行政の業務としての色彩が強いから，法院で
はなく行政機関を担い手とするのが適切であるといえる。今後，専門的知識
を備えた面会交流補助人制度の導入は，下記の面会交流センターの円滑な運

営のために必要不可欠である。面会交流補助人制度を導入するための活発な論議が必要である。

②　面会交流センターの活性化

面会交流それ自体は認める養育親であっても，非養育親が自身の住居に出入りするのを嫌ったり，子を奪取されることをおそれて面会交流の実施に協力しない場合も多い。このような場合には，現行の法制のもとでは面会交流権の侵害に対する法院の判断に頼らざるを得ないが，場合によっては，阻害要因だけ取り除かれれば面会交流が実施できる場合も多いと思われる。養育親の意思を考慮して第三の場所を提供したり，上述した面会交流補助人等の専門家の助力があれば，面会交流が活性化され得るであろう。

現在，韓国の家庭法院は，面会交流センターを設置してそのような要請に応えているが，予算及び物的資源の不足等により一部家庭法院でしか運営されていないのが実情である。しかしながら，面会交流権の具体的な行使方法を定める法院が，面会交流を実施するために面会交流センターの業務まで担わなければならないことについては，限られた資源の効率的な配分の観点から悩ましい問題でもある。

支援を申請した養育親と非養育親を対象に行っている養育費履行管理院の面会交流支援サービスが養育費の自発的履行に非常に効果的であるという点[51]は，示唆するものが多い。養育費履行管理院は，面会交流支援の初期の段階から，専門相談員の助力を得て養育親，子，非養育親に対して個別相談を行い，当事者が面会交流を十分に準備することができるようにしている[52]。このような経験は，今後面会交流センターの設置及び運営に多くの示唆を与えるものと思われる。

離婚後における未成年の子の適切な養育は，父母と国家の共同責任の領域にある問題である。父母の離婚により内面に傷を負った未成年の子の共同養育を実現するためには，国家の支援が必要不可欠である。そして，面会交流センターの運営に当たっては，家庭法院，法務部，養育費履行管理院，地方公共団体等関連機関の有機的な協力が前提となる。

Ⅳ　結びに代えて

　本稿は，父母と未成年の子と間の生物学的親子関係を法的にコーティングしたのが「親権」であるという前提から出発した。その結果，夫婦の共同生活中は共同親権と共同養育が基本であり，離婚後であっても同居の有無にかかわりなく父子関係又は母子関係が継続することを強調した。継続するとは，親権が消滅することはないという意味であり，父母の離婚にかかわらず，子との関係では依然として父母として親権を有する。もっとも，非養育親が子との共同生活空間から離れている場合には，子のために父母の第一次的な扶養義務に準じた養育費負担義務が生じる一方，共同生活関係の継続性及び子の社会性を維持するために，面会交流権が未成年の子と非養育親のそれぞれに優先的に認められると主張した。

　このような観点から，「親権」と「養育権」との対立は前近代的な「家」制度に由来するものであり，父母の共同親権が認められている今日においては，「親権」に対抗する概念としての「養育権」はその歴史的任務を全うした概念であると主張した。「養育権」は，もはや親権の内容を実現する事実行為としての意味しか残っていない。

　未成年の子は，父母が離婚の手続を開始した瞬間から，父母の離婚における単なる保護の「対象」ではなく，離婚の利害当事者とみなければならない。このような未成年の子の福祉を最優先に具現するためのこれまでの韓国の立法上の努力とその課題について検討した。父母の離婚により内面に傷を負った未成年の子の実質的保護を，離婚手続の各段階で実現できるように，制度的補完と関連機関の緊密な協力により運用の妙を活かすことが必要であることを強調したい。

《参考文献》

民議員法制司法委員会民法案審議小委員会編『民法案審議録』（1957年）

法院行政処『法院実務提要（家事Ⅱ）』（2010年）

法院行政処『別々でも一緒でも大丈夫』（発刊登録番号 32-9740029-001249-01），2019

申栄鎬・金相勲『家族法講義〔第3版〕』（世昌出版社，2018年）

尹眞秀代表編集『注解親族法第1巻』（博英社，2015年）

尹眞秀代表編集『注解親族法第2巻』（博英社，2015年）

Park, Bok Soon, Kim, Eun Ji, Kim, Hyo Jung, Ko, Hyeon Seung, Yu, Gyeong Hui, Son, Seo Hee『The Child Maintenance Enforcement and Support System: A 5-Year Evaluation and Measures for Improvement』, Korean Women Development Institute, 2020

Walter Frenz, Handbuch Europarecht,Band 4, 2009

Chung, Dong Seon「小児精神医学的観点からみた子中心の離婚」2017年児童権益保護学会創立記念シンポジウム資料集

Chung, Yong shin「離婚手続において未成年の子を保護するための法院の諸般措置」家族法研究34巻2号

Gwak, Min Hui「フランス法上の祖父母の訪問権」家族法研究27巻3号

Hyun, So Hye「家事訴訟法改正と未成年子の福利保護強化」法曹723号

Kim, Hyun jin「養育費履行と面会交流権行使の緊張関係―養育費履行確保のための改善方案に関する研究」法学研究23輯1号

Kim, Soo Jeong「子の最善の利益と面会交流権」家族法研究19巻1号

Kim, Won Tae「家事訴訟法全部改正法律案の特徴と主要な内容」法曹723号

Kwon, Jae Moon「親権の制限・停止制度の導入のための検討事項」家族法研究28巻1号

Lee, Jong Khil「離婚における親権及び養育責任問題に対する新たな接近」家族法研究29巻3号

Moon, Heung Ahn「韓国における現行の養育費法制―2019年現行法の規定と特色」新・アジア家族法三国会議編『養育費の算定と履行確保』（日本加除出版，2020年）

Oh, Jin Sook「手続補助人制度の導入の必要性及び運営方案」人権と正義490号

Park, Deuk Bae「子の権利としての面会交流権」家族法研究32巻1号

Seo, Jong Hee「面会交流権者の範囲拡大のための解釈とその限界―日本民法との比較を中心に」家族法研究34巻2号

Um, Kyong Chon「離婚時親権者共同指定と親権の一部制限―親権者共同指定に伴

う公示方法に関する実務上の検討」家族法研究34巻2号

【注】

1 ）Moon, Heung Ahn「韓国における現行の養育費法制—2019年現行法の規定と特色」
新・アジア家族法三国会議編『養育費の算定と履行確保』（日本加除出版，2020年）
参照。

2 ）申栄鎬・金相勲『家族法講義〔第3版〕』（世昌出版社，2018年）201頁以下。

3 ）尹眞秀代表編『注解親族法第2巻』（博英社，2015年）1004頁［權載文執筆］。

4 ）親権の一部制限制度の導入目的は，①家庭法院は，居所の指定，懲戒その他身上に
関する決定等特定の事項について親権者が親権を行使することが困難な場合，又は不
適当な事由があるために子の福祉を害し，若しくは害するおそれがある場合に，子又
は検事等の請求により具体的な範囲を定めて親権の制限を宣告することができるもの
とする，②特定の事項に関する親権の一部制限制度を設けることにより，親権者の同
意に代わる裁判制度では解決が困難な事案ではあるものの，親権を全部喪失させる必
要性までは認められない場合に，子の生命等を保護するための必要最小限度の制限措
置として，親権の一部を制限することが可能となることが期待される，というもので
ある（https://www.law.go.kr/LSW/lsInfoP.do?lsiSeq=160862&lsId=&viewCls=lsRvs
DocInfoR&chrClsCd=010102#（2021年9月23日閲覧））。

5 ）ソウル家庭法院2015ノ310045。

6 ）ソン＝ヒョンギュ「3年前に失踪宣告さえなされていれば…虐待被害児童の涙」
2015年12月22日付聯合ニュースインターネット記事。

7 ）住民登録法は，住民登録票の閲覧又は謄・抄本の交付申請権者を本人又は世帯員
と定めているが（同法29条2項本文），例外として，世帯主の親族（配偶者，直系血
族，世帯主の配偶者の直系血族，世帯主の直系血族の配偶者）等にも認めている（同
項ただし書）。現実には未成年者を世帯主とすることはほとんどないために，世帯主
との間で親族関係が存在しない離婚後の非養育親（一般には親権者ではない。）は，
世帯員となっている未成年の子の住民登録抄本の発給を受けることができないのが実
情である。

8 ）出入国に関する事実の証明書は，本人又はその法定代理人が発給を受けることがで
きる（出入国管理法88条1項，同法施行規則75条）。

9 ）初・中等教育法並びに同法施行令及び同法施行規則は，親権者又は未成年後見人等
に就学や転校等に関する権利義務を認めている。

10）法院行政処『法院実務提要（家事Ⅱ）』516頁（2010年），尹眞秀代表編『註解親族
法第1巻』（博英社，2015年）340頁［李東珍執筆］。

11）民議員法制司法委員会民法案審議小委員会編『民法案審議録』第830条参照（1957
年）。

12）審議意見では，子に対する教養，懲戒，営業の許諾，取消し，制限，財産管理等の
権利義務が親権の内容とされている。

13）審議録の第830条の前段と後段は，それぞれ，制定民法第837条（離婚と子の養育責
任）の第1項と第2項に規定され，子女を子に変更するなどして確定された。そして，

審議中の意見を反映して第 3 項を置き，「前項の規定は養育に関する事項のほか父母の権利義務に変更を来さない」という内容を追加した。

14）制定民法第797条は，「戸主は，その家族に対する扶養義務を負う」と規定していたが，1990年の民法改正により削除された。

15）Lee, Jong Khil「離婚における親権及び養育責任問題に対する新たな接近」家族法研究29巻 3 号460～461頁参照。

16）尹眞秀・前掲注10）341頁［李東珍執筆］参照。

17）法院行政処・前掲注10）516頁，尹眞秀・前掲注10）340頁［李東珍執筆］。

18）「養育者」という概念は，成年後見制度が導入されてから用いられた用語で表現するならば，「未成年者の身上保護の責任を有する者」ということができよう（Um, Kyong Chon「離婚時親権者共同指定と親権の一部制限—親権者共同指定に伴う公示方法に関する実務上の検討」家族法研究34巻 2 号155頁），Kwon, Jae Moon「親権の制限・停止制度の導入のための検討事項」家族法研究28巻 1 号35頁。

19）韓国では，原則として親権の帰属と行使を区別していない。ただし，親権者が親権を行使することが困難な場合，又は不適当な事由がある場合等には親権の一部制限を宣告することができると定める第924条の 2 のように，親権の帰属と行使を区別して用いられている場合がある。また，第910条も，親権者は，その親権に従う者に代わってその子に対する親権を行使すると定めている。

20）2015年に，法院行政処が先進的で自己完結的な家事事件手続の統一法の完成を目標として掲げ，法務部に立法を依頼した家事訴訟法全部改正案は，2018年 3 月 2 日に政府案として発議されたが（議案番号2012268），2020年 5 月29日第20代国会の任期満了により廃案となった。

21）家事訴訟法改正案第16条（未成年の子のための手続補助人）
① 家庭法院は，家事事件において子の福祉のために必要と認めるときは，職権で又は未成年の子，その親族の請求により，手続補助人を選任することができる。
② 家庭法院は，弁護士の資格を有する者を手続補助人として選任する。ただし，子の年齢，心理状態等を考慮し，必要なときは心理学，教育学，相談学，児童学，医学又はこれに類する分野の専門家を手続補助人として選任することができる。
③ 家庭法院は，未成年の子に法定代理人又は特別代理人がいる場合であっても，手続補助人を選任することができる。
④ 手続補助人は，対話その他適当な方法により未成年の子の意思及びその福祉のために必要な事項を調査して家庭法院に報告し，又は意見を陳述することができる。
⑤ 手続補助人は，裁判手続において，家庭法院の許可を得て未成年の子と同席し又はその陳述を補助する等未成年の子を補助することができる。
⑥ 家庭法院は，次の各号にいずれかに該当する事由があるときは，職権で又は未成年の子若しくはその親族の請求により，手続補助人を解任することができる。
一 手続補助人が任務の遂行を懈怠した場合
二 手続補助人に任務を遂行することができない事情がある場合
三 その他手続補助人を必要としなくなった場合
⑦ 手続補助人の資格，選任及び解任の手続，手当の支給その他必要な事項は，大法院規則で定める。

22）Oh, Jin Sook「手続補助人制度の導入の必要性及び運用方案」人権と正義490号68頁。

23）Hyun, So Hye「家事訴訟法改正と未成年子女の福利保護強化」法曹723号422頁以下。

24）Chung, Yong Shin「離婚手続において未成年の子を保護するための法院の諸般措置」家族法研究34巻2号106頁によれば，昌原地方法院では，申請書提出日当日に子の養育案内と義務面談を受けようとする離婚当事者のために，月曜日から金曜日までの毎日の午前と午後に子の養育案内を実施し，午後には数名の協議離婚相談委員が時間帯を分けて義務面談を実施しているとされる。

25）大法院傘下の父母教育共同研究会は，離婚を控えた父母または離婚した父母が子の養育に必要な内容を容易に確認することができるよう，「父母ホームページ」を開設し運営している。同ホームページでは，父母教育動画，面会交流ガイドブック，養育手帳，養育費算定基準等を紹介している。とりわけ，離婚を控えた父母，離婚過程にいる父母および離婚した父母のための多様な資料が盛り込まれている。さらに，同ホームページは，多文化家庭の父母も活用することができるよう，中国語，ベトナム語，フィリピン語，英語，日本語のページも用意されている。

　韓国のすべての家庭法院では，裁判離婚および協議離婚において実施される，未成年の子のいる父母を対象とした養育案内と家事調査官の面接調査の中で上記「父母ホームページ」を当事者に紹介することにより，当事者がそれを活用することができるようにしている（https://parents.scourt.go.kr/websquare/websquare.html?w2xPath=/xml/main.xml#w2xPath=/xml/main.xml（2022.7.30閲覧））。

26）「協議離婚の意思確認事務及び家族関係登録事務処理指針」（家族関係登録例規第551号）第13条（協議が子の福祉に反する場合）第1項参照。

27）Chung, Yong Shin・前掲注24）103頁，ソウル家庭法院家事少年制度改革委員会「家事少年制度改革委員会資料集Ⅱ」101頁によれば，協議離婚制度の改善等のために用意された「離婚手続に関する特例法案」は，案第14条第1項で相談前置主義を，同条第2項で受相談命令を規定していたとされる。

28）Chung, Dong Seon「小児精神医学的観点からみた子中心の離婚」児童権益保護学会創立記念シンポジウム資料集68頁。

29）法院行政処『別々でも一緒でも大丈夫』（発刊登録番号32-9740029-001249-01），2019年。

30）1994年5月13日大法院決定。

31）尹眞秀・前掲注3）1041頁［権載文執筆］。

32）詳細は，Park, Bok Soon, Kim, Eun Ji, Kim, Hyo Jung, Ko, Hyeon Seung, Yu, Gyeong Hui, Son, Seo Hee『The Child Maintenance Enforcement and Support System: A 5-Year Evaluation and Measures for Improvement』, Korean Women Development Institute, 2020.

33）Kim, Hyun jin「養育費履行と面会交流権行使の緊張関係—養育費履行確保のための改善方案に関する研究」法学研究23輯1号308頁。

34）http://badfathers.or.kr/（2022.7.30閲覧）

35）水原地方法院2019ゴ合425判決。

36）Kim, Hyun jin・前掲注33）300-301頁。

37）Park, Deuk Bae「子の権利としての面会交流権」家族法研究32巻1号149頁。

38）Kim, Hyun jin・前掲注33）293頁。

39）Park, Deuk Bae・前掲注37）167頁。

40）水原地方法院決定2013プ33。

41）Walter Frenz, Handbuch Europarecht, Band 4, 2009, S. 1038.

42）これは「児童の関係を維持する権利（relationship rights of children）」ということができる。

43）Seo, Jong Hee「面会交流権者の範囲拡大のための解釈とその限界—日本民法との比較を中心に」家族法研究34巻2号38頁，Kim, Soo Jeong「子の最善の利益と面会交流権」家族法研究19巻1号341頁等。

44）2015年10月シン＝イジン議員代表発議に係る民法一部改正法律案及び2016年7月金サムファ議員代表発議に係る民法一部改正法律案。

45）Gwak, Min Hui「フランス法上の祖父母の訪問権」家族法研究27巻3号183頁。

46）Kim, Hyun jin・前掲注33）302頁によれば，面会交流権の行使を妨害し又は拒否する養育親に対して履行命令を請求して判決を得ることはできるが，それに従わない場合には1千万ウォン以下の過料に処せられるだけで，その支払を催促する方法も，面会交流を強制する法的手段もないとされる。もっとも，面会交流を継続的に拒否している場合には，非養育親は家庭法院に仮処分の申立てをし，又は養育者変更審判の申立てをすることができるが，仮処分は終局的な処分ではない点で限定的なものであり，また，裁判手続は相当の時間を要する上に面会交流権の拒否だけを理由として養育者を変更した例もないとされる。

47）Chung, Yong shin・前掲注24）104〜105頁。

48）法院行政処『家事訴訟法改正委員会資料集』375〜381頁（第147条案参照）。

49）Kim, Won Tae「家事訴訟法全部改正法律案の特徴と主要な内容」法曹723号332〜333頁。

50）第364回国会第3次法制司法委員会（李ムンハン専門委員）「面会交流補助人検討報告書」7頁。

51）養育費履行管理院の『2019年養育費履行支援サービス資料集』によれば，面会交流サービスが試験的な事業として運営された2017年には286名が面会交流相談と集団面会交流プログラムに参加し，参加者のうち養育費債権が確定した世帯の約88％が継続的に養育費が支払っており，2018年には393名が参加して養育費支払債務の履行率は約90％にのぼり，2019年には約480名が参加してその履行率は92％に達したとされる。

52）Kim, Hyun jin・前掲注33）305頁。

（MOON, Heung-Ahn／建國大学校法学専門大学院名誉教授）

第2章

台湾における離婚後の親子関係

台湾における離婚後の親権法制の 現状と実務

林　秀　雄

訳：小林　貴典

Ⅰ　はじめに

　台湾内政部の統計によると，2020年における離婚件数は51,680件，粗離婚率は2.19，離婚当事者の年齢は35歳から39歳が最も多くなっている。こうした離婚当事者に子がいる場合，未成年であることが多い。父母は離婚した後，原則として共同生活することはできないので，未成年の子の利益を守るために，親のどちらが子の親権者となるかを決めることが重要となる。離婚後の親権法制について，台湾の民法では，1055条から1055条の 2 に規定されている。民法1055条は 5 項からなり，離婚後の親権者の決定，変更及び面会交流に関する規定である。民法1055条の 1 は親権者の決定の基準について定めており，1055条の 2 は父母がともに親権を行うのに適していない場合に，裁判所が適当な者を後見人として定めることができるものと規定している。本稿では，台湾民法の離婚後の親権に関する規定と実務について紹介する。

Ⅱ　離婚後の親権と離婚後の監護

1　1996年民法改正前

　1996年民法改正前の1051条は，「協議離婚後，子の監護は夫がこれを任ずる。ただし，別段の定めがあるときは，その定めに従う。」と規定していた。そして，1055条は，「判決離婚の場合，子の監護については，第1051条の規定を適用する。ただし，裁判所は子の利益のために監護者を定めることができる。」と規定していた。これらの規定から明らかなように，離婚後の監護

に関する規定のみしかなく，離婚後の親権に関する規定は存在しなかった。
そして，離婚後の監護の意義については，学説上争いがあった。狭義説は，
これを未成年の子に対する心身の監護をいうものと解していたが[1]，多数説
は広義説を採り，離婚後の監護は身上監護と財産監護を含むものであり，身
上監護と財産監護は親権から生じる作用であるから，離婚後の監護とは離婚
後の親権行使のことであると解していた[2]。

2　1996年民法改正後

1996年改正前の1051条と1055条の規定には，以下のような欠点があった。
(1)この2つの条文が定める「監護」とは，離婚後の父母の未成年子に対する
保護教育の権利義務を指すものであるが，この「監護」の語は，民法親族編
第4章以下に定められた「監護」（日本の後見に相当する）の用語と紛らわしい。
(2)子の親権者の決定は離婚の効力の一環であるから，（協議離婚か判決離婚かと
いう）離婚の方法の違いに応じて異なるべきものではなく，これを2つの規
定に分けることは妥当でない。(3)原則として夫が離婚後の親権を任ずるとい
う規定は，男女平等原則や子の利益原則に明らかに反する。(4)親権者の変更
について明文の規定がない。(5)面会交流についても明文の規定がない。

こうした欠点に鑑みて，1996年民法改正時に，1051条の規定が削除され，
1055条が改正されるとともに，1055条の1及び1055条の2の規定が新たに設
けられた。また，民法では「親権」という用語が存在せず，親権の行使につ
いては，未成年の子に対する権利義務の行使又は負担と規定されているため
（民法1089条），「監護」の語は，「未成年の子に対する権利義務の行使又は負
担」と改められた。これは本質的には親権の行使のことである。それと同時
に，民法1055条の2が新たに設けられ，父母がともに権利の行使に適しない
ときは，裁判所は子の最善の利益に従い，適当な者を子の後見人〔原文：監
護者〕に選任しなければならないと定められた。このように，離婚後の子の
親権者は未成年者の父母であり，離婚後の子の後見人は父母以外の第三者で
ある。

民法1055条の2は，立法委員による審査の時に追加されたものであり，行

政院の草案ではこの規定は存在しなかった[3]。法務部はこの規定に批判的である。一般的に，父母以外の第三者が未成年の子の後見人になるのは，父母がともに死亡したとき，又は父母がともに親権を行使することができないときに限られるが，本条は父母がともに権利の行使に適しないことのみをもって，第三者を後見人に選任できるものとしており，これは親権及び後見制度に反するものであろう[4]。本条については，学説からも次のような批判がある。父母がともに権利の行使に適さないとは，不確定的な法律概念であって，どのような場合が権利の行使に適しないのかは，人によって見方が異なるため，裁判所の主観によって異なる認定がなされることは免れ難く，裁判の不一致が生じ得る。第三者が後見人として選任されたときは，実質的に父母の親権の行使は排除され，親権は停止されることになる。しかし，父母が親権を濫用していないにもかかわらず，親権の行使に適しないことのみをもって裁判所によって親権が停止されるのが妥当であるのか，疑問である。また，父母が親権の行使に適しない状況が消失した場合，親権停止の宣告がなされていない以上，宣告の取消しを求めることもできず，この場合に父母の親権が当然に回復するのかも，検討を要する。もし当然に回復するとすれば，条文上の根拠は何なのか。もし当然には回復しないとすれば，父母はどのように裁判所に対して親権の回復を求めるのか，明文で定める必要がある[5]。

Ⅲ　離婚後の親権者の決定

1　父母による協議

　夫婦が離婚するときは，未成年の子に対する権利義務の行使・負担については，協議により，一方が又は双方共同でこれに任ずる（民法1055条1項前段）。本条に言う離婚には，協議離婚，判決離婚及び裁判所における調停又は和解により成立する離婚が含まれる。また，未成年の子に対する権利義務の行使・負担とは，親権の行使のことである。実務上は，離婚訴訟の中で，一方が親権者になるとの合意に達することがよくある（台湾高等法院2018（民国〔以下同〕107）年重家上字第64号判決，台湾高等法院台南分院2019（108）年家上字第66号判決）。

2　裁判所による決定

夫婦が協議をしていない又は協議が調わないときは，裁判所は，夫婦の一方，主管機関，社会福祉団体若しくは他の利害関係人の請求により，又は職権で，これを定める（1055条1項後段）。家庭自治の原則に基づき，国家は原則として家庭に関する事務に干渉することをできるだけ避けるべきであり，そのため，夫婦が離婚するときは，親権についてその協議により定めるのが原則である。しかしながら，夫婦が協議をしていない又は協議が調わないときは，子の利益を無視したままにすることはできない。子の利益を守ることは，間接的に社会の公益を守ることであり，外国の多くの立法例においても，子の権利利益を守るために，夫婦に代わって，公権力の介入により決定するものとされている[6]。そこで，台湾の民法も裁判所が請求又は職権により親権者を定めることができるものとしている。

Ⅳ　離婚後の共同親権の可能性

1　1928年親族法草案

1928年親族法草案の婚姻章では，離婚後の子の監護に関する規定は設けられていなかったが，第4章親子関係の中に，離婚後の親権の行使に関する規定が置かれていた。同草案59条の規定によれば，父母が離婚したときは，親権の行使について，第58条の規定を準用するとされていた。そして同草案58条1項の規定によれば，未成年の子に対する権利義務は，特別の規定がある場合を除き，父母が共同でこれを行使・負担し，父母が共同で行使・負担することができないときは，その協議によりこれを定め，協議することができないときは，各々が裁判所に対してこれにつき定めるよう請求することができる，と定められていた[7]。このように，同草案は世界各国に先立って，1928年の時点で，すでに離婚後の共同親権を認めていた。ただ，これは草案の段階にとどまり，1930年の民法ではこのような規定は設けられなかった。

2　現行民法の規定

⑴　父母による協議

　正常な婚姻生活の下では，父母が未成年の子に対する保護教育の権利義務を有する（民法1084条2項）。そして，父母は原則として共同で権利を行使し，義務を負担する（民法1089条1項）。しかし，夫婦の離婚後は，相互間の同居義務はもはや存在しないため，父又は母が未成年の子と同居していない場合，父母が共同で権利を行使し義務を負担することは，事実上困難となる。この場合について，家庭自治の原則に基づき，未成年の子に対する親権については，協議により父母の一方がこれに任ずるものと定められた。実務上では，夫婦が離婚後に特定の事項について共同で親権を行使するものと約定する場合があり，また時間的な分配により共同で親権を行使することについても，これを許さない理由はあまりなく，離婚後の夫婦に子の最善の利益を考慮するよう促すこともできる[8]。本条の規定が改正される前から，学説上，父母は協議により共同で親権を行使することができるとの見解があった[9]。父母が離婚後に互いへの憎しみや敵意を捨てて，子の利益のために協力して子を保護教育するのならば，法律がそれを禁止する必要はなく，父母の協議による共同親権を許すのが子の利益に適うと考えられる[10]。そこで，1996年の民法改正時に，学説の見解を取り入れて，父母の協議により双方が共同で権利を行使し義務を負担することができるものと定められた。

　父母の協議は，訴訟の中でなされるものでも訴訟の外でなされるものでも構わない。すなわち，協議離婚時になされた協議，調停離婚において調停後になされた協議や，訴訟の係属中に，和解離婚の成立と同時に，未成年の子の親権は双方が共同で任ずるものと約定する（高雄少年及家事法院2018（107）年家親声抗字第51号裁定）など，いずれも可能である。台湾と日本の卓球選手の夫婦の離婚を例とすると，離婚当事者が異なる国籍を有するため，これは渉外離婚事件となる。夫が台湾において離婚訴訟を提起した場合，台湾の家事事件法23条1項の規定によれば，裁判所に裁判を請求する前に，裁判所における調停が行われなければならない。離婚調停と同時に，未成年の子に対する親権について調停を行うことができる。離婚は重大な身分行為であるため，

当事者本人が調停の内容について，裁判所に対して合意を表明しなければならない（家事事件法30条1項ただし書）。当事者本人が自ら出席する以外に，音声及び映像を伝達するIT設備を用いて意思を表明することも可能である。

離婚の準拠法については，台湾の渉外民事法律適用法50条の規定によれば，協議時又は訴訟提起時の夫婦の共通本国法，共通本国法が存在しないときは共通住所地法，共通住所地法が存在しないときは婚姻と最も密接な関係を有する地の法律が適用される。離婚当事者には共通の国籍がなく，共通の住所もないため，婚姻と最も密接な関係を有する地の法律として，台湾の民法によることとなる。離婚後の子の親権者の決定の準拠法は，渉外民事法律適用法55条の規定により，子の本国法が適用される。2名の未成年の子は台湾国籍と日本国籍を有する。台湾の渉外民事法律適用法では，内外国籍の衝突について，内国国籍優先主義は採用されておらず，同法2条の規定によれば，当事者の本国法を適用する場合に，当事者が多数の国籍を有するときは，その者と最も密接な関係を有する国籍をもってその本国法を定めるものとされている。2名の未成年の子は台湾に住所を有しているため，台湾法がその本国法となる。台湾民法1055条1項の規定によれば，夫婦が離婚するときは，未成年の子に対する権利義務の行使・負担については，協議により，一方が又は双方共同でこれに任ずる。同条が定める離婚には，協議離婚・判決離婚・調停離婚及び和解離婚がすべて含まれる。本件の離婚当事者は，調停離婚時に，子の親権者の決定について，協議により双方が共同で任ずるものと合意している。母親は未成年の子と同居していないため，事実上の保護教育の義務を果たすことができないため，父親が子の主な養育者〔原文：主要照顧者〕となる。

(2)　裁判所の裁判

1996年改正後の規定によれば，判決離婚の場合，当事者が親権者の決定を請求しなくても，裁判所は職権で親権者を定めることができる。ただ，父母が協議をしていない又は協議が調わない場合に，裁判所が職権で共同親権を命じることができるかどうかについては，実務の見解が分かれていた。台湾高等法院及び所属法院1999年法律座談会第8号においてこの問題について議

論がなされ，肯定説と否定説で意見が分かれた。肯定説は次のように解する。
民法1055条１項の規定は，裁判所が職権で父母に共同親権を命じることを禁
じていない以上，裁判所が民法1055条の１の各号の事由を斟酌して共同親権
が子の最善の利益に適うと認めるときは，職権で共同親権と定め，又は夫婦
の一方が身上監護，他方が財産監護を担当するものと定めることができる。
また，親権の行使に関する夫婦の意思が一致しない場合には，同法1089条の
規定により，裁判所に対して子の最善の利益に従ってこれを定めるよう請求
することができる。夫婦が共同生活を目的とする婚姻関係を営むことができ
ないとしても，離婚後の親権について当然に共同行使が不適当となるわけで
はない。

　これに対して，反対説は次のように解する。夫婦関係も親子関係もともに
共同生活を目的とするものであるため，民法1001条は夫婦の同居義務を定め，
同法21条も未成年の子はその法定代理人の住所をもってその住所とするもの
と定めている。夫婦の離婚後，もはや共同生活を営むことはできない以上，
未成年の子は父母の一方のみと同居し，他方とは分離された状態となる。ま
た，子の親権者につき夫婦が協議により定めることができない場合に，裁判
所が共同親権を命じると，父母の意見の不一致により，1089条の規定により，
裁判所に対して子の最善の利益に従ってこれを定めるよう求める事態が生じ
やすい。これでは，離婚時に協議が調わないために裁判所に親権者の決定を
求めた当事者の真意に応えられないのみならず，親権に関する争いを迅速に
決することができないため，子の利益も害する。そのため，親権についての
夫婦の協議が調わない場合，裁判所は共同親権を命じることはできないもの
と解すべきである。

　これについて，第一次討論〔原文：初歩研討〕の結果として，多数の裁判
官は肯定説を採り，審査意見も次のように解した。改正前の民法1051条は，
「協議離婚したときは，子の監護は，父がこれを任ずる。ただし，別段の約
定があるときは，その約定に従う。」と定めていたため，離婚後の親権につ
いて父母の協議が調わないときは，裁判所は，一方が親権を行うものと定め，
他方には面会交流権が認められた。その後，同条はすでに削除され，民法

1055条は，夫婦が離婚したときは，未成年の子に対する権利義務の行使・負担は，協議により双方が共同で任ずることができるものと明文で定めている。同条の趣旨からすると，裁判所は，双方が共同で親権を行うことが子の最善の利益に適うと認めるときは，職権でそのように定めることができるものと解される。議論の結果として，この審査意見が採用された。

　近年，裁判所が職権で離婚後の共同親権を命じる事案が増えている。例えば，南投地方法院2019（108）年婚字第105号判決は，次のように判示する。「双方ともに一定の親としての能力を有し，親権を争う動機も正当でかつその意思も強い以上，一方から養育義務を果たす機会を奪い，他方に単独の養育責任を負わせて心身ともに疲弊させることは，妥当でない。双方が共同で親権を行使することが期待できる場合，これを捨てて単独親権を採用することは妥当でなく，双方が共同で親権を行うのが，未成年の子の利益に適うとともに，双方が協力して理性的・協調的な環境を創り上げ，未成年の子の最大の利益を守るよう期待することができる」。また，新竹地方法院2018（107）年家親声抗字第18号裁定も以下の理由に基づき共同親権を命じている。「共同親権は，父母と子とが頻繁な接触を続けることで，意義のある親子関係を維持させ，父母の離婚が未成年の子にもたらす影響や傷を緩和することができるとともに，父母はすでに夫婦ではないが，よき親であることができるという理性的な生活スタイルを未成年の子に学ばせることができて，両親がそろった状態で愛情を受けることができないという欠点を補うことができるものであり，未成年の子の発達に有利なものである」。その他にも，訴訟の進行中の親に対立の激化や警戒心があり，子に関する事務の意思決定について両親が自力で合意を形成することができず，また短期間で有効な意思疎通方法の確立を期待することは難しいと認定しているにもかかわらず，子が将来は両親を渇望するであろうことを理由として共同親権を命じた裁判例もある。

　学説においては，次のような見解が見られる。外国における実務上の経験や心理学上の実証研究によれば，共同監護（共同親権）は父母の間の多くの協力を必要とするため，通常，父母がそのような取決めに同意しており，か

つ離婚後に友好的な関係を維持することができる場合においてのみ考慮され得る。離婚後の父母が仲良くできない，敵意があって相互に信頼できない，対立が続いている，又は住居が離れすぎているといったような場合には，共同監護は基本的に困難である。離婚までの夫婦の対立が離婚後にも継続し，子が絶え間ない対立のはざまに置かれるのであれば，その苦痛は堪え難いものであり，共同監護はかえって明らかに子の利益に反する。実際，離婚時に全く協力・信頼することができなかった父母が，「共同監護」という裁判所の判決のみによって，突然協力・信頼できるようになるとは考えにくい[11]。父母が親権を争って協議が調わない場合，裁判所は詳細な調査・審理の困難や煩わしさを避けるとともに，父母を納得させることができるように，共同親権と定めることがある。「共同親権」は裁判所の一種の逃げ道となる[12]。

　ただ，前述のように，離婚後，父母はもはや共同生活を営まない以上，共同で子を保護教育することは難しいといわざるを得ない。そこで，裁判実務においては，共同親権を命じる場合，子と同居する父又は母を主な養育者と定める。例えば，台湾高等法院2019（108）年家上字第258号判決は次のように判示している。「父母の経済状況，居住環境，親としての能力，及び未成年の子の性別，年齢，人格発展上の必要性を総合的に斟酌するとともに，兄弟不分離の原則，継続性の原則，フレンドリー・ペアレント・ルール〔原文：善意父母原則〕に従って，父母を共同親権者とし，控訴人を引き続き主な養育者と定める」。また，桃園地方法院2018（107）年家財訴字第19号判決は，原告が従来から未成年の子の主な養育者であり，子はまだ幼く，原告の方が子の成長上のニーズや生活規律の能力に対応することができること，また母性優先や現状維持等の原則に鑑みると，双方の共同親権とするとともに，原告を主な養育者とすることが子の最善の利益に適うものとしている。また，親権行使の内容について指定する裁判例も見られる。例えば，台北地方法院2018（107）年婚字第272号判決は，共同親権を命じるにあたり，被告を主な養育者と定め，姓・戸籍・学籍の変更及び緊急を要しない侵襲的医療行為等の重要事項については双方が共同で決定するものとし，その他の事項は被告が単独で決定することができるものとしている。また，桃園地方法院2018

(107) 年婚字第671号判決は，子の意思及び継続性の原則に鑑みて，原告を主な養育者，原告の住所を子の住所とし，学籍・戸籍・保険・金融口座開設・財産管理・医療事務及び社会給付の申請については原告が単独で決定するが，その他の事項については双方が共同で決定するものとしている。

　裁判例の中には，訴訟係属中に父母が共同親権に同意し，裁判所がその協議に基づいて共同親権を命じるものがある（台湾高等法院高雄分院2019（108）年家上字第62号判決，台湾高等法院2020（109）年家上字第16号判決，桃園地方法院2020（109）年婚字第401号判決，台湾高等法院2018（107）年家上字第173号判決，台湾高等法院2020（109）年家上字第178号判決）。また，特定の事項について主な養育者が単独で決定するものと定める裁判例がある（台湾高等法院2020（109）年家上字第178号判決，台湾高等法院2019（108）年家上字第95号判決，台湾高等法院2019（108）年家上字第258号判決，士林地方法院2020（109）年婚字第203号判決，桃園地方法院2020（109）年婚字第475号判決，基隆地方法院2020（109）年婚字第87号判決，台北地方法院2018（107）年婚字第272号判決，桃園地方法院2019（108）年婚字第162号判決）。

　また，未成年の子が2人いて，その性別が異なる場合，子の性別に応じてそれぞれ主な養育者を指定することがある。例えば，前述の台湾高等法院2018（107）年家上字第173号判決では，共同親権について父母が同意しているが，誰が主な養育者となるかについて争いがあった。同判決は，「一方のみが2人の子を養育するとすれば，十分な養育ができないおそれがあり，また双方の家庭に大きな対立があって，友好的に交流することができないため，子が主な養育者ではない一方と疎遠になる可能性がある。父母が2人の未成年の兄妹をそれぞれ養育するとすれば，一方が養育する場合と比べて，相互の交流の機会は減少するが，これは一方が共同で面会交流をする機会を増やすことにより補うことができる」との理由に基づき，父母の共同親権を命じるとともに，父親を長男の主な養育者に，母親を長女の主な養育者に指定した。また，新竹地方法院2018（107）年家親声抗字第18号裁定も共同親権を命じているが，子がまだ幼いため，母性優先原則に従い，また子の生活・教育環境の安定性・継続性を確保するために，現段階では母親を2名の子の主な養育者とするのが子の利益に適うが，長男は小学校を卒業すると徐々に思春

期に入り，性別を同じくする父親が身近に寄り添う方が，心理上のサポートを与えることができ，その心身の変化に共感することができるため，その時には父親を長男の主な養育者とするものとしている。これらの裁判例は，性別に応じて主な養育者を指定したり，子の成長段階に応じてこれを指定するなど，特殊な例である。

V　親権者の変更

　1996年民法改正前には，親権者の変更に関する規定はなかったが，学説の多数はこれを肯定しており[13]，最高法院の判決も同様であった（最高法院1992(81) 年台上字第418号判決）。1996年民法改正時に，多数説・実務の見解が民法に採り入れられた。民法1055条３項によれば，子に対する権利義務を行使・負担する者が，保護教育の義務を果たさないとき，又は未成年の子に不利益な事情があるときは，父母の他方，未成年の子，主管機関，社会福祉団体又は他の利害関係人は，子の利益のために，裁判所に親権者の変更を請求することができる。

　実務上，親権者が保護教育の義務を果たさなかったために親権者の変更が認められた事例として，次のようなものがある。(1)父母の一方が親権者になっているものの，他方が専ら子を養育していた場合に，親権者が保護教育義務を果たしていないことは明らかであるとして，親権者の変更が認められた事例（台南地方法院2021 (110) 年家親声字第５号裁定）。(2)離婚後も共同親権が行われていたところ，一方が長期にわたり保護教育義務を果たしていなかったため，他方を単独変更者に変更した事例（台南地方法院2021 (110) 年家親声字第62号裁定）。(3)親権者の健康がすぐれないため，保護教育義務を果たすことができないとして，親権者を他方に変更した事例（台南地方法院2021 (110) 年家親声字第７号裁定）。(4)親権者が子に罰として明け方までひざまづかせる〔原文：罰跪〕という不適切なしつけを行ったことは，子の心身の発達に悪影響を及ぼすおそれがあるとして，親権者を他方に変更した事例（台湾高等法院台中分院2012 (101) 年非抗字第296号裁定）。(5)父母が和解離婚した際に，裁判所は母を単独親権者と定めるとともに，父親との面会交流の方式及び時間

について定めたが，子が長期にわたり父親との面会交流を拒んでいた。裁判所は，子が父母の協力による世話・教育の下で成長する方が子の成長にとってプラスになるとして，母の単独親権から父母の共同親権に変更するとともに，母を主な養育者に定めた事例（新北地方法院2018（107）年家親声字第30号裁定）。これらの裁判例では，一方の単独親権から他方の単独親権に変更するものもあれば，双方の共同親権から一方の単独親権に変更するものもある。⑸は単独親権から共同親権に変更するもので，比較的特殊である。

Ⅵ　面会交流

　1925年の民律草案親族編106条2項は，「監護の責任を有しない者は，その子と互いに相当の交流をなす権利を有する」との規定を有していた[14]。90年以上も前に面会交流の概念があったわけだが，惜しくも1930年の民法には採用されなかった。1931年の民法親族編改正草案においても，面会交流に関する規定の増設が再度提案されている。同草案1073条は，「判決離婚した者は，過失のある者であっても，子と交流することができる。ただし，子の利益を害するおそれがあるときは，無過失の相手方は，これを制限し，又は一時的に停止することができる」との規定であるが[15]，この改正は実現しなかった。それから1996年の民法改正まで，面会交流に関する規定は存在しなかったが，学説では早くから，面会交流は両親の愛情や親子関係を保障する最後の絆であり，適当かつ合理的な面会交流は子の利益を害するものではなく，かえって父母の離婚により子にもたらされる不幸を多少なりとも補うことができるものであるから，法律上明文の規定はなくとも，これを肯定するのが妥当である，との見解が主張されていた[16]。そこで，1996年改正の際に，非親権親と未成年子との親子関係に配慮して，民法1055条5項に，「裁判所は，請求により，又は職権で，〔未成年の子に対する〕権利義務を行使・負担しない一方のために，未成年の子との面会交流の方式及び期間を定めることができる。ただし，面会交流が子の利益を妨げるときは，裁判所は，請求により，又は職権で，これを変更することができる。」との規定が設けられた。面会交流権は，親子関係から派生する自然権であり，民法の明文の規定

を待たずに自然に存在するものであるため，親と子が面会交流権を有することは規定せずに，この権利に基づいて裁判所に面会交流の方式及び期間を定めるよう請求することができるものと規定されている。法務部の見解によると，面会交流権は親の権利であるのみならず，子の権利でもあり，同条の規定によれば，面会交流権の主体は，非親権親と未成年の子であるとされている[17]。

　民法の規定によれば，裁判所は，請求により又は職権で面会交流の方式及び期間について定めることができるものとされているが，当事者が請求しない場合に，裁判所が職権で定めるケースは決して多くない。これはおそらく，当事者が請求していないにもかかわらず，裁判所が強制的に面会交流の方式及び期間を定めたとしても，当事者がこれに従うとは限らないため，あまり意味がないためであろう。ただ，下級審のこうした運用方式は，最高法院により是正されている。最高法院2016（105）年台抗字第66号裁定は次のように判示する。「親子の感情は天性的なものであり，相互の面会交流は親子関係から派生する自然の権利であって，親の権利であるだけでなく，未成年の子の権利でもあるから，子の最善の利益を考慮しなければならないことは当然である。未成年の子と父母の一方が日に日に疎遠となっていくことを避けるとともに，人格の正常な発達と子の親に対する愛情に配慮するため，子の利益を妨げる場合を除き，未成年の子に親と同居するか面会交流をする時間をもたせることが，子の最善の利益に合致する」。原決定が未成年の子と非親権親との面会交流の時間及び方法について全く定めなかったのは，「子の利益の保護に十分でないことは明らかである」。この最高法院決定の影響を受けて，士林地方法院2019（108）年婚字第256号判決は，未成年の子と非同居親の愛情は天性的なもので，面会交流は親子双方の権利であり，安易にこれを奪ってはならず，親子間の愛情が影響を受けるのを避け，また父母の間で面会交流について新たな争いが生じるのを避けるために，職権で定める必要がある，と判示している。

　実務においては，家庭内暴力（DV）に起因する離婚の場合，面会交流について，「監督付き面会交流」や「段階的面会交流」といった方法が採られる

ことが多い。家庭内暴力防止法〔原文：家庭暴力防治法〕45条１項２号によれば，裁判所は，家庭内暴力の加害者と未成年の子との面会交流を認めるに際して，子及び被害者の安全を考慮しなければならず，また，第三者，公的機関又は民間団体に面会交流を監督させることができる。これが監督付き面会交流である。また，同法46条１項によれば，直轄市・県（市）の主管機関は，自ら又は他の公的機関・民間団体に委託して，未成年の子の面会交流のための場所を設けなければならない。また，資源の浪費を防ぐため，2007年改正時に，利用者負担の原則に基づき，前項の場所には，家庭内暴力における安全及び防止に関する訓練を受けた人員を配置しなければならず，その配置，面会交流の監督及び子の引渡しの執行及び費用徴収については，直轄市・県（市）の主管機関がこれを定める，との規定が設けられた（同条２項）。これらの規定に基づき，各県・市において監督付き面会交流を行う機関が広く設けられている。例えば，台北市の「家庭内暴力・性的侵害防止センター」〔原文：家庭暴力及性侵害防治中心〕，新北市の「未成年子面会交流センター」〔原文：未成年子女會面交往中心〕（放心園）などである。台北市の家庭内暴力・性的侵害防止センターの説明によれば，両親がDV事件により緊張関係にある段階（例えば，別居・離婚や民事保護令が出されているなど）においては，センターが適当な環境を提供して，監督人員の付き添いの下で，未成年の子と非同居親との監督付き面会交流（又は引渡し）のサービスがなされる。実際の必要性に応じて警備員も配置され，安全性が確保された環境の下で，親と未成年の子が安心して面会し，親子の感情が途絶えることがないように図っている。また，面会の前後に，両親がソーシャルワーカーの協力の下で子の養育について話し合い，未成年の子が徐々に面会交流に適応することができるよう支援を行っている。

　また，父又は母と子の間に信頼関係がない状況の下で，ただちに密な面会交流を行うと，双方に心理的な負担や不快感を与える可能性がある。このような場合，裁判所は，段階的な方式による面会交流を行うことで，当事者間の関係構築を図っていくことがある。例えば，士林地方法院2018（107）年家親声字第364号裁定においては，未成年の子と父親が一緒に暮らしていな

かった期間がすでに相当長く，疎遠になっているため，子を徐々に適応させ，内心の不安感を消すことができるよう，段階的な方式による面会交流を定めるとして，三段階の面会交流の時間を定め，徐々に，父親の希望する週末土曜午前10時から日曜午後7時までに増やしていくものとされた。また，嘉義地方法院2018（107）年家親声字第9号裁定においては，両親の間で婚姻，子の親権，養育費の額等の事項について争いがあり，相互間の信頼がなく，面会交流を順調に行えるか大きな不安があるため，段階的面会交流の方式を採って，第1段階の6か月間は，毎月3回の面会交流につき，嘉義地方法院家事事件サービスセンターが両親双方と連絡を取って時間と場所を定めるとともに，面会交流の状況を記録するものとした。

　前述のとおり，下級審裁判所は，判決離婚時に父母の共同親権を命じることがあるが，この場合，〔1055条5項の規定からすると〕父母ともに面会交流権がないことになりそうである。しかしながら，父母ともに親権者であるとしても，実際上はどちらかが主な養育者として子と同居する。そのため，裁判所は，共同親権を命じる際，父母のどちらかを主な養育者として定めると同時に，職権で非同居親と子の面会交流の方式及び期間について定めている（士林地方法院2020（109）年婚字第203号判決，同2019（108）年婚字第256号判決）。

　また，台湾高等法院及び所属法院2014（103）年法律座談会第9号では，裁判所が祖父母と孫との間の面会交流を定めることができるかどうかについて議論がなされている。この問題につき，肯定説は，面会交流権は未成年の子の権利であり，子の最善の利益の原則や，子が父方・母方の家族の愛情の下で成長するニーズに基づき，父母の一方が死亡その他の原因により親権を行使することができないときは，当該非親権親が有していた面会交流権は，祖父母等の家族が代わりに行使することができるものと解すべきであり，裁判所は，子と家族との親密さや愛着の程度に応じて，子の最善の利益に資するよう，面会交流の期間及び方式を定めることができるとする。これに対して，否定説は次のように解する。民法1055条5項が裁判所は父母と子の面会交流について定めることができるとする理由は，父母と子が最も親しい関係にあるため，一時的に親権を行使できない親であっても，面会交流権を剥奪する

ことができない点にある。1996年 9 月25日改正時の立法理由においては，「非親権親と未成年子の親子関係に配慮するために，裁判所は，請求により，又は職権で，面会交流の方式及び期間について定めることができる」ものとされていることからすると，面会交流権は親子間においてのみ適用され，未成年の孫に対する祖父母について，民法1055条 5 項を適用する余地はない。

Ⅶ　結論

　台湾民法においては，親権という用語はなく，離婚後の親権行使について，1996年改正前は離婚後の監護と称されていた。1996年改正時に，離婚後の監護は，離婚後の未成年の子に対する権利義務の行使・負担という用語に改められたが，これは本質上，離婚後の親権の行使のことである。

　両親の離婚後は，一方が単独で親権を行使するのが原則であるが，父母が離婚後に互いへの憎しみや敵意を捨てて，子の利益のために協力して子を保護教育するのならば，法律がそれを禁止する必要はないため，民法は父母の協議により共同で親権を行使することを認めている。共同親権は子の利益を守るためのものであるが，実務上は，父母のどちらが親権者となるかについて争いがある場合に，妥協策として用いられることが多い。

　また，裁判所が共同親権を命じることができるかについて民法は明文で定めていないものの，実務上は，父母が協議により共同親権とすることができる趣旨からして，共同親権が子の最善の利益に適うときは，職権でこれを命じることができるものと解している。子の最善の利益はもちろん理想であるが，双方が親権を争って協議が調わない場合に，共同親権が命じられることが多い。基本的に，離婚後の共同親権は一定の条件の下ではじめて実現することができるものであり，関連措置が整備されないまま，裁判所が何の制約もなく共同親権を認めることが，子の最善の利益という立法目的に真に適うものなのか，疑問である。

　家庭内暴力により離婚した事件における面会交流については，実務上，「監督付き面会交流」が採られることが大半である。また，親子間に信頼関係がない状況の下で面会交流が密に行われると，双方に心理上の負担や不適

応をもたらす可能性がある。こうした場合，裁判所は段階的面会交流を採用して，段階を追って徐々に当事者の関係構築を図っている。こうした「監督付き面会交流」や「段階的面会交流」により子の利益を守る運用方式は，評価に値するものといえる。

【注】

1 ）胡長清『中國民法親屬論』210頁（1972年），羅鼎『親屬法綱要』176頁（1946年），戴炎輝『中國親屬法』184頁（1973年）。

2 ）陳棋炎『民法親屬』169頁（1964年），史尚寬『親屬法論』454頁（1974年），林菊枝『親屬法專題研究』156頁（1997年），黄宗樂『親子法研究』314頁（1980年），戴東雄『親屬法實例解説』156-157頁（1990年），林秀雄『家族法論集（二）』128-129頁（1987年）。

3 ）法務部『民法親屬編及其施行法部分條文問答資料（親權及夫妻財產溯及效力）』14頁（1996年）。

4 ）法務部・前掲注 3 ）15頁。

5 ）李玲玲「論離婚後之親權及其修正」戴東雄教授六秩華誕祝壽論文集『固有法制與當代民事法學』520-521頁（1997年）。

6 ）法務部・前掲注 3 ）11頁。

7 ）司法行政部『中華民國民法制定史料彙編　下冊』338頁（1976年）。

8 ）法務部・前掲注 3 ）11頁。

9 ）戴炎輝＝戴東雄＝戴瑀如『親屬法』268頁（2010年），陳棋炎＝黄宗樂＝郭振恭『民法親屬新論』249頁（2010年）。

10）李玲玲・前掲注 5 ）517頁。

11）劉宏恩「離婚後子女監護案件『子女最佳利益原則』的再檢視－試評析二〇一三年十二月修正之民法第一〇五五條之一規定」月旦法學雜誌234号201-202頁（2014年）。

12）劉宏恩・前掲注11）202頁。

13）史尚寬・前掲注 2 ）457頁，戴炎輝＝戴東雄＝戴瑀如・前掲注 9 ）269頁，陳棋炎＝黄宗樂＝郭振恭・前掲注 9 ）250頁，楊建華「再論兩願離婚得否提起酌定子女監護人之訴」司法週刊623号（1993年）。

14）司法行政部・前掲注 7 ）263頁。

15）司法行政部・前掲注 7 ）766-767頁。

16）陳棋炎＝黄宗樂＝郭振恭・前掲注 9 ）253頁。

17）法務部・前掲注 3 ）12頁。

（LIN, Hsiu-Hsiung／輔仁大学栄誉講座教授）

台湾法における離婚後の親権及び
監護法制の沿革と今後の課題

鄧　學　仁

　離婚後の親権及び監護に関する台湾の現行法制には，二つの異なる概念が含まれている。つまり，一つ目は，いわゆる離婚後の親権であり，夫婦離婚後の親権者の斟酌決定，改定，親権内容と行使方法の決定，別居親と子との面会交流などの4部分を指す。これに対して，いわゆる監護とは，父母が等しく権利義務の行使・負担に不適当であるとき，父母以外の第三者を監護人に任ずることができる場合を指す（民法1055条の2）。

　そして，未成年者の監護とは，未成年者に父母がいないか，父母が等しくその未成年の子に対する権利義務を行使，負担することができないとき（例えば，父母が成年後見の宣告を受ける場合，又は父母が親権濫用によって親権が停止される場合）は，法定監護人若しくは子の監護人になるに適当な者を監護人に任ずる場合を指す（民法1091条・1094条）。これに対して，前述した民法1055条の2にいう未成年者の監護は，父母が等しく権利義務の行使・負担に不適当であることによって，父母以外の第三者を監護人に任ずる場合だけを指す。ところで，民法1091条にいう未成年者の監護は，未成年者に父母がいないか，父母が等しくその未成年の子に対する権利義務を行使，負担することができないことによって親権が行使することができない場合を指す。

　そこで，父母がいずれも健在である場合には，前者（1055条の2）は親権の停止を必要としないが，後者（1091条）は親権の停止を必要とすることをもって，初めて未成年の子に対する権利義務を行使，負担することができない要件に合致するわけである。この二者は内容が異なることを理解しなけれ

ばならない。以下では，台湾法における離婚後の親権及び監護法制の沿革と
今後の課題について論じることにする。

I　離婚後の親権及び監護法制の沿革

　台湾法における夫婦離婚後の未成年子の親権に関する規定の沿革は，以下
の五段階に分けられる。

1　1931年の親族法

　この時期の離婚後の親権に関する規定は，協議離婚と裁判離婚によって異
なっていた。

(1)　協議離婚：(旧) 民法1051条

「協議離婚後における子の監護については，夫をもってこれに任ずる。た
だし，別段の約定あるときは，その約定に従う。」

　この条文の特色は二つある。一つ目は，離婚後の親権の内容が「監護」と
称されていたことである。この条文にある「監護」は，民法1091条に定めら
れている「未成年者に父母がないとき，又は父母ともに未成年者に対する権
利の行使，義務の負担ができないときは，監護人（後見人）を置くことを要
する。」という「監護」とは異なる。

　つまり，前者は，父母だけを権利者として適用することができるが，後者
は，父母以外の人の行為にのみ適用することとなり，両者で，混乱・混用を
惹き起こしやすい。

　二つ目は，当事者の間に，約定がなかった場合，夫を優先的に親権者に任
ずることになるから，明らかに性別平等に違反していたことである。

(2)　裁判離婚：(旧) 民法1055条

「判決による離婚における子の監護については，第1051条の規定を適用す
る。ただし，裁判所はその子の利益を斟酌して監護人を定めることができ
る。」

　この条文の特色は，やはり，親権者の指定が原則的に夫を優先にすること
であり，裁判所はその子の利益を斟酌して監護人を定めることができるにす

ぎないのである。

　なお，この条文にいう「監護人」については，裁判所は父母以外の第三者を斟酌決定することができるかどうか，かつて争議があったが，1993年の改正児童福祉法において，「裁判所は，第三者を斟酌決定することができる。」ことが明文化されたので，見解は一致した。

2　1996年の親族法

　上述の欠点ともいえる規定については，1996年の親族法改正においてそれぞれ見直しが図られた。

　まず，（旧）民法1051条を削除した。次に，（旧）民法1055条を改正して，そして，民法1055条の1及び1055条の2を増設した。

　⑴　民法1055条の改正

「①夫婦が離婚するとき，未成年の子に対する権利義務の行使又は負担は，協議により，一方によるか，又は，双方が共同してこれに任ずる。協議されなかったか，又は協議が成立しなかったときは，裁判所が，夫婦の一方，主管機関，社会福祉団体若しくはその他の利害関係者の請求によるか，又は，職権により，それを斟酌決定することができる。

　②前項の協議が子に不利であるときは，裁判所が，主管機関，社会福祉団体若しくはその他の利害関係者の請求によるか，又は，職権により，子の利益のため，それを改めることができる。

　③権利義務を行使し，負担する一方が保護，教養の義務を尽くさないか，又は，未成年の子にとって不利な事情があるとき，他方，未成年の子，主管機関，社会福祉団体又はその他の利害関係者は，子の利益のため，裁判所にそれを改めることを請求することができる。

　④前三項の事情の場合には，裁判所は，請求によるか，又は，職権により，子の利益のため，権利義務の行使負担の内容及び方法を斟酌決定することができる。

　⑤裁判所は，請求によるか，又は，職権により，権利義務を行使又は負担しない一方のため，その未成年の子との面会交流の方法及びその期間を斟酌

決定することができる。ただし，その面会交流が子の利益を妨害するとき，裁判所は，請求によるか，又は，職権により，それを変更することができる。」

この改正法には四つの特色がある。一つ目は，かつての「監護」の用語が「未成年の子に対する権利義務の行使又は負担」と変更されたが，やはり「親権」という用語を使わないことである。二つ目は，親権が，協議により，一方によるか，又は，双方が共同にこれに任ずることとし，協議されなかったか，又は協議が成立しなかったときは，裁判所が，それを斟酌決定することができるとすることである。三つ目は，裁判所が，子の利益のため，権利義務の行使負担の内容及び方法を斟酌決定することができるとすることである。四つ目は，裁判所が，請求によるか，又は，職権により，権利義務の行使又は負担しない一方のため，その未成年の子との面会交流の方法及びその期間を斟酌決定することができるとすることである。

(2)　民法1055条の1及び民法1055条の2の増設

前者は，「裁判所は，前条の裁判を行うとき，子の最良の利益に従い，一切の情状を斟酌しなければならず，社会福祉士の訪問視察報告又は家事調査官の調査報告を参考とする。特に次に掲げる事項に注意しなければならない。

　　一，子の年齢，性別，人数及び健康状態

　　二，子の願望及び人格発展の必要性

　　三，父母の年齢，職業，品行，健康状態，経済的能力及び生活状況

　　四，父母が子を保護，教養する願望及び態度

　　五，父母と子の間，又は，未成年の子とその他の共同生活者の間の感情
　　　　状況」と定めている。

この条文は，裁判所が親権者を斟酌決定・改定を行うときに注意しなければならない事項を具体的に定めている。後者は，「父母が等しく権利の行使に不適当であるとき，裁判所は，子の最良の利益に従い，かつ前条各号の事項を斟酌して，子の監護人を選定し，監護の方法を指定し，その父母に扶養費用の負担及びその方法を命じなければならない。」と定めている。つまり，明らかに父母以外の第三者を監護人に任ずることができると示している。

(3)　民法1116条の2の増設

　父母の離婚後における未成年の子に対する扶養義務は，いったい父母離婚のために，父母の一方だけが未成年の子に対する権利義務の行使又は負担することによって影響されるかどうか，実務上には，なお異なる見解があるので，その争いを杜絶するために，学者の通説見解を参考として民法1116条の2を増設することになった。つまり，「父母の未成年の子に対する扶養義務は，結婚が取り消されるか，又は，離婚されても，影響を受けない。」この明文規定によって，父母の権利義務を明らかにするわけである。この明文規定に基づき，父母が一方だけが未成年の子に対する権利義務の行使又は負担することを約束した場合であっても，ただ内部分担の約定だけに過ぎないから，他方の扶養義務は，これによって免除されないので，未成年の子がやはり父母の他方に扶養を請求することができる[1]。

3　2013年の親族法

　前もって子を奪うことで，親権者に指定されるようにすることを避けるため，民法1055条の1第1項に，第6号・第7号及び第2項を増設した。具体的には，民法1055条の1第1項に「六，父母の一方が他方の未成年の子に対する権利義務を行使し，負担する行為を妨害しているか否か」「七，各族類の伝統，習俗，文化及び価値観」と増設した。また，同条第2項に「前項の子の最良の利益の斟酌において，裁判所は，社会福祉士の訪問視察報告又は，家事調査官の調査報告を参考とする他，また，警察機関，納税機関，金融機関，学校及びその他の関連機関，団体，又は，特定事項について関連する専門知識を有する適切な者への嘱託によって調査した結果，これを認定する。」と増設した。

　つまり，この条文によってフレンドリーペアレントの重要性を強調するわけである。言い換えれば，離婚事件において，未成年の子が父母の親権争奪戦の人質になることを避けるためである。

4　2014年に家事サービスセンターの新設

2014年1月1日に，少年及び家事裁判所組織法が改正され，同法第19条の1において「少年及び家事裁判所は，政令指定都市・県（市）の主管機関に，場所・必要な設備と施設及びその他の関連する協力を提供して，もって主管機関自ら若しくは民間団体に委託して，資源の整合・連結に関するサービスセンターを設置させなければならない。経費が足りない場合には，司法院が予算を立ててこれを補助しなければならない。」と定められた。これはすなわち，家事サービスセンターというものであり，正式な名称は，「裁判所に駐在する○○市（県）政府の家事サービスセンター」である。現在，すでに設置された各サービスセンターは，裁判所から提供された場所・必要な設備と施設及びその他の関連する協力を，主管機関に提供して，その資源によって主管機関自ら若しくは民間団体に委託して，次のサービス項目を提供する。

1．出廷の付き添い（家事事件法第11条，家事事件審理細則第18条）

2．親権又は監護権の訪問視察調査（家事事件法第106条・第176条及び第108条，家事事件審理細則第107条）

3．一般的な面会交流（家事事件法第107条），未成年の子との面会交流の監視（家庭内暴力防治法第45条）

4．家事事件親教育の補導（家事事件審理細則第15条）

5．心理的コンサルタントの補導（家事事件審理細則第58条）

6．法律的諮問サービス（訴訟補導係及び財団法人法律扶助基金会）

II　離婚後の親権及び監護法制の課題

台湾法における離婚後の親権及び監護法制の課題については，離婚後の未成年の子への養育費の履行確保を除いて，最も焦点となるところは，離婚後の別居親と子との面会交流及びいかに親教育を強化するか，そして裁判所には，職権により，共同親権とすること，及び祖父母或いは共同親権である子の主な世話者でない別居親が子と面会交流することを決定することができるか，ということである。これらの問題については，以下のように説明する。

1　親教育の強化

現在，裁判所によって親教育が実施される根拠は，家事事件審理細則第15条にある。同条では，「裁判所は，未成年の子に関する家事調停・訴訟事件・非訟事件を審理するとき，関連する資源を連結し，未成年の子の父母・監護人又はその他の未成年の子を世話する関係者に通知して，無料の親教育・補導・諮問を受けさせることができる。参加者が，自ら費用を払うことを表明するとき，裁判所は，費用を必要とする資源である参考資料を提供して，参加者の選択・使用・参与に供することができる（第1項）。父母・監護人又は関係者が，前項の親教育・補導・諮問に参与する場合には，裁判所は，その状況を関連する家事事件を処理するときの参考とすることができる（第2項）。裁判所は，家事事件を処理して，職権により証拠を調査する場合には，当事者によって提出されなかった事実を斟酌するとき，当事者又は関係者に弁論させ，若しくは，意見を陳述させる機会を与えなければならない（第3項）。」と定めている。

この規定の特色は，父母が親教育に参与する状況を，裁判所によって親権を斟酌決定するときの参考とすることができるということにある。この規定の立法目的は非常によいが，やはり親教育を義務化していないので，将来，もし親教育を強制的に実施しようとすれば，家事事件法第10条の1を増設すべきである。

なお，親教育の義務化に関する草案は，かつて立法院に提出されたことがある。そこでは，家事事件法第10条の1の増設案として「裁判所は，未成年の子に関する家事調停・訴訟事件・非訟事件を審理するとき，関連する資源を連結し，未成年の子の父母・監護人又はその他の未成年の子を世話する関係者に通知して，6時間の無料の親教育・補導・諮問を受けさせることができる。ただし，裁判所は，その必要がないと認めるときは，この限りでない。参加者が，自ら費用を払うことを表明するとき，裁判所は，費用を必要とする資源である参考資料を提供して，参加者の選択・使用・参与に供することができる（第1項）。裁判所は，前項の事件を処理する場合，未成年の子の父母・監護人又はその他の未成年の子を世話する関係者に，その他の親教育・

補導・諮問を受けさせる必要があると認めるときは，再び18時間以内の親教育・補導・諮問をそれぞれに命ずることができる（第２項）。父母・監護人又は関係者が，第一項，第二項の親教育・補導・諮問に参与する場合には，裁判所は，その状況を関連する家事事件を処理するときの参考とすることができる。正当な理由がなくて，前述した親教育・補導・諮問を受けず，又は未完了であることによって，裁判所から期限内に完成する必要があると勧められたにもかかわらず，その参与が完成せずに，若しくは，参与しようとしない者に対して，１万元以上５万元以下の台湾元の過料に処して，かつ連続的に処することができる（第３項）。」と示されていた。

　しかし，この草案が立法院に提出された後に，ある団体が，親教育が元々児童の虐待防止のために適用されるはずなのに，もし，父母に親教育を強制的に受けさせれば，往々にして「父母失格」とラベル化されかねないと主張したのである。かつ，親教育に参加することを離婚の要件とすることは，家庭内暴力を受けて離婚しようとする者にとって極めて不利である。そこで，この草案は，最終的に争議が大きすぎたことを理由として，通過することはなかった。

2　裁判所の職権による共同親権の決定の適否

　共同親権は当事者により協議することができるが，協議されなかったか，又は協議が成立しなかったときは，裁判所が職権によりこれを決定することができるかについて，やはり検討する余地があると思われる。そもそも民法1055条第１項，第２項によって「夫婦が離婚するとき，未成年の子に対する権利義務の行使又は負担は，協議により，一方によるか，又は，双方が共同してこれに任ずる。協議されなかったか，又は協議が成立しなかったときは，裁判所が，夫婦の一方，主管機関，社会福祉団体若しくはその他の利害関係者の請求によるか，又は，職権により，それを斟酌決定することができる。」「前項の協議が子に不利であるときは，裁判所が，主管機関，社会福祉団体若しくはその他の利害関係者の請求によるか，又は，職権により，子の利益のため，それを改めることができる。」と明らかに定めている。また，

実務上，最高裁判所は，「裁判所が，子の権利義務の行使負担の内容及び方法を斟酌決定するときは，子の最良の利益に従ってこれを斟酌決定しなければならない。そして，父母が共同に親権を行使することを斟酌決定するときは，その双方が好意的・協力的でなければならない。もし，父母があくまでも敵意を有すれば互いに信じがたいことになる。さらに，双方が持続的に衝突し合うことによって，せっかくの共同親権が事実上甚だしく進まないので，かえって未成年の子の心身発展にとって極めて不利である。」[2]としている。これでわかるように，離婚の当事者の双方が好意的・協力的父母であれば，裁判所は職権により，その双方当事者を共同親権者に任ずる斟酌決定をすることができると思われる。しかし，このような裁判所による斟酌決定は，やはり当事者の双方は協議されなかったか，又は協議が成立しなかったか，若しくはその協議が未成年の子に不利な場合に限る必要がある。つまり，当事者の双方は，協議が成立したのみならず，かつその協議が未成年の子に不利なことを有しないときは，原則的に裁判所による斟酌決定に優先させるべきである。

3　共同親権の周辺法整備

　父母にはもし親権の停止事由がなければ，単なる離婚という理由のために，直ちに父母の一方の親権が剥奪されて，専ら父母の他方によって単独親権が行使されるべきではないと思われる。そこで，夫婦離婚の場合において裁判所が子の親権者を斟酌決定するときは，共同親権を原則としなければならない。ただ，親の子に対する性的侵害・家庭内暴力がある場合には，初めて例外的に単独親権になるわけである。なぜかとうと，裁判所は共同親権を採用すれば，すなわち，父母には優劣の差異がないのみならず，裁判所も親権の紛争という問題に巻き込まれることも心配する必要がないからである。これと同時に，子の利益のために，如何に別れてもやはり好意的・協力的父母になれることを親に学習させる機会でもある。したがって，共同親権を原則とする必要性があるわけである。しかし，共同親権はすべての親子に適用されるわけでもないので，特に互いに好意的でない父母は，往々にして，未成年

の子を報復の道具としがちであり，長期的な闘争を展開することで，未成年
の子にとって，心理的に不安定な状態に陥り，未成年の子の健全な成長には
極めて不利になることもある。そこで，共同親権には以下のような周辺法整
備を必要とする。

　　１．主な世話役の決定：積極的に面会交流を促成する者は，優先的に主
　　　　な世話役として選ばれることによって，子を気楽に父母双方と交流さ
　　　　せること。

　　２．重大な事項の決定：出国・就学・重大な医療については父母双方の
　　　　同意を必要とするが，その他の事項については，例えば銀行口座の設
　　　　置などは，主な世話役によって同意権を行使すること。

　　３．違反の制裁：もし父母には面会交流の妨害・養育費の不払いなどの
　　　　子に不利な事情があれば，共同親権が単独親権に改定されること。

4　別居親と子との面会交流の範囲拡張

　民法1055条第５項：「裁判所は，請求によるか，又は，職権により，権利
義務の行使又は負担しない一方のため，その未成年の子との面会交流の方法
及びその期間を斟酌決定することができる。ただし，その面会交流が子の利
益を妨害するとき，裁判所は，請求によるか，又は，職権により，それを変
更することができる。」の規定によってわかるように，未成年の子との面会
交流をすることができる者は，親権者でない別居親を指す。すると，もし，
離婚の当事者双方は共同親権の協議が成立したか，又は裁判所による共同親
権の決定が成立したときは，主な世話者でない共同親権者は，未成年の子と
の面会交流を請求することができるかどうかについては，やはり議論する余
地がある。そもそも単独親権である場合には，その親権者でない別居親も，
民法1116条の２によって，父母の未成年の子に対する扶養義務は離婚されて
も影響を受けないが，すでに未成年の子の法定代理人でないので，特に民法
1055条第５項の明文規定をもって面会交流を請求することができるとする必
要がある。これに対して，共同親権である場合には，主な世話者でない共同
親権者は，やはり未成年者の法定代理人であり，民法1084条第２項によれ

ば，子に対する権利義務を行使又は負担することができるから，主な世話者でない共同親権者に対しては，特に未成年の子との面会交流の請求を規定することを必要としないと思われる。さらに，もし，共同親権者の双方の子との面会交流に対する意見が一致せずに争いがあるときは，また民法1089条により，裁判所に，子の最良の利益に従い，それを斟酌決定することを請求することができる。ただし，将来，民法1055条第5項の改正により，「**共同親権者と権利義務の行使又は負担しない一方のため，裁判所は，請求によるか，又は，職権により，その未成年の子との面会交流の方法及びその期間を斟酌決定することができる。ただし，その面会交流が子の利益を妨害するとき，裁判所は，請求によるか，又は，職権により，それを変更することができる。**」との増設をもってこの争いを避けてほしいのである。

　また，父母のほかに，その他の者，例えば祖父母と未成年の孫との面会交流を請求することができるかどうかについては，同じく議論する余地がある。これについて，台湾高等裁判所とその所属する裁判所との法律座談会は，以下の見解を示した。つまり，「面会交流の権利は，ただ父母とその子の間に適用するだけであり，祖父母と未成年の孫の間にはそれを適用することできない。」[3]この見解は，明らかに法律の字面による解釈にこだわり過ぎであり，面会交流の積極的立法目的を無視すると思われる。そして，現行法制によってこのような争いに遭遇するときは，当事者は，裁判所に，祖父母に未成年の孫との面会交流の権利を付与すれば，孫の心身発展に有利になることを陳述し，また過去に祖父母が孫を世話した具体例を立証することによって，民法1055条第5項の規定を類推適用して，祖父母と未成年の孫を面会交流させるとの主張を請求することができると思われる。この場合には，もし，主な世話者である親権者が，祖父母と未成年の孫との面会交流は，孫の心身発展に不利になることを立証することができないと，裁判所は祖父母の請求を認めるべきである。しかし，徹底的にこのような問題を解決するために，将来，民法1055条第6項：「**裁判所は，未成年の子に有利な場合に，請求によるか，又は，職権により，その未成年の子と特殊な関係を有する父母以外の第三者のため，その未成年の子との面会交流の方法及びその期間を斟酌決定するこ**

とができる。ただし，その面会交流が子の利益を妨害するとき，裁判所は，請求によるか，又は，職権により，それを変更することができる。」を増設すべきであると思われる[4]。

Ⅲ　結　論

　面会交流の難航は，離婚する父母にとって永遠の痛みである。互いに好意的でない父母は，往々にして未成年の子を報復の道具としがちであり，そして，未成年の子にとって，父母の離婚に臨んでいることは，極めて心理的な不安状態に陥いらせられる危機である。なぜかというと，ある未成年の子は，自分が親に嫌われるから親が離れようとするという思い込みがあり得，又は，もし，別居親のことを話し出したら，主な世話者の神経を刺激するかということをつねに心配しがちである。このように色々な疑問と配慮が，親が離れていくことにつれて，日ましに強まるわけである。これらの問題は，いずれも別居親との面会交流を通して緩和されると思われる。台湾では，面会交流について法律の改正に取り組むほかに，家事サービスセンター及びその他の民間団体を通して心理的コンサルタント・社会福祉士などの専門家を連結し，また資源の整合・介入によって，離婚家庭を助けて未成年の子の利益に尽力すべく，当事者には，円満な夫婦になれないが，やはり好意的・協力的父母になれることを承知させなければならないと思われる。

　離婚しようとする夫婦がいったん裁判所に入れば，理性を失することは免れない。しかし，いかに当事者の理性を回復させるかについて，やはり，心理的コンサルタント，又は，親教育を善用しなければならないと思われる。台湾では立法による親教育の強制化に失敗したが，もっと精密な現行規定を通して，裁判所に柔軟性のある処理空間を付与して，例えば性的侵害のある家庭・家庭内暴力のある家庭を，職権により親教育から排除したほうがいいと思われる。そこで，父母は，衝突の多い家庭環境が，未成年の子に心理的な創傷をもたらすことを必ず理解しておかなければならない。自ら好意的・協力的父母の原則に従って，別居親と子との面会交流を積極的に促進して支援することは，親教育の最大の目的である。というのは，家事事件を適切に

処理することができなかったことで，未成年の子は，非行に走ることをもっ
て大人に助けを求めることになりやすいようである。この場合には，元凶の
家事事件がたびたび少年事件に発展する傾向がある。さらに，その少年事件
を適切に処理することができなければ，ひょっとすると，刑事事件になって
しまうかもしれない。よって，はやく立法により，好意的・協力的父母を促
進し，離婚事件における子の苦痛を最低限度に抑え，子の利益を確保するわ
けである。

　総じて言えば，親教育を強化する目的は，父母に「元配偶者を恨むよりも，
自分の子を愛することを優先する」ことを了解させることにある。つまり，
父母は，事情を解決する注意力を子の利益を確保することに向けるべきであ
る。これは，まるでソロモン王が，二人の母親が赤ちゃんを奪い合う紛争を
処理するように，好意的母親が，子の親権者になることを諦めることによっ
て，真の子の利益を犠牲にしてしまわないようにすることと同じである。こ
のようにすれば，子が父母の親権争奪戦の中で幼少期を過ごすことを免れ，
生涯にわたる心理的な創傷を残さないことができると思われる。さらに，子
との面会交流の範囲を拡張する目的は，離婚によって必ず父母の一方を選択
することを迫る子の心理的な不安を緩和し，及び父母の一方を捨てて，若し
くは父母の一方に捨てられる陰影を減少することにある。こうすれば，きっ
と子の健全な成長に有利な方向に進んでいくと思われる。そこで，親教育を
強化して，子との面会交流の範囲を拡張し，法制度上における父母又は祖父
母と子との面会交流の設計を推進することは，今後，台湾における離婚後の
親権法制の重要な課題であると思われる。

【注】
　1）最高裁判所103年度台抗字第448号民事裁判。
　2）最高裁判所104年度台抗字第503号民事裁判。
　3）台湾高等裁判所とその所属する裁判所との103年法律座談会民事類提案第9号。
　4）鄧學仁「祖父母對孫子女之會面交往」台灣法學會雜誌303期（2016年9月）159頁
　　～164頁。

（TENG, Shyue-Ren／中央警察大学法律系教授）

第3章

日本における離婚後の親子関係

第1節

離婚後の親子関係
——特に面会交流と共同親権・共同監護の可能性とその限界

棚村　政行

I　はじめに——協議離婚や離婚後の子ども養育の現状

2018年は20万8000件，2019年には20万8000件，2020年には19万3000件の夫婦の離婚があり，その6割近くに未成年の子がいて，毎年，20〜22万人の未成年の子が親の離婚による影響を受けている。2016年の厚労省の全国ひとり親世帯等調査の結果，母子家庭で，父親から養育費を受け取っているのは24.3%にすぎず，養育費を一切受け取ったことがないというのは56.0%にものぼっていた。また，母子家庭の面会交流の実施率は29.8%，父子家庭は45.5%にすぎず，取決めをしていない親が7割を超え，離れて暮らす親子の交流も十分でなかった[1]。

また，2019年に，全国の家庭裁判所で離婚が成立したケースで，約9割のケースで母親が親権者となり，父がなるのは1割しかいなかった。面会交流の調停申立事件は10年間で約1.5倍も増え，2019年に2万1802件にのぼった。子の引渡し請求も2385件で，監護者指定事件も3552件となった。養育費の事件も，2019年には，2万3998件となっている[2]。

2019年に，離婚全体では，協議離婚が88.1%，調停離婚が8.8%，調停に代わる審判離婚0.6%，判決離婚1.0%，和解離婚1.5%，認諾離婚0.0%であった。日本は，協議離婚が約9割，調停1割弱，裁判離婚が2.6%である[3]。

これまで，日本の協議離婚の本格的調査は行われてこなかったが，2021年3月に，法務省の委託調査研究が実施され，ここ10年間で離婚した夫婦1000名に対するインターネット調査の結果が公表された[4]。

　協議離婚を選んだ理由では，「離婚することに争いがなかったから」が61.7%と最も多く，次いで「争いはあったが，相手が離婚届に署名・押印をしたから」が19.0%と多かった。離婚で最も悩んだのは，「今後の子育て」が32.8%と最も多く「今後の生活費」が30.3%とこれに続く。離婚前の弁護士への相談・委任については，「相談だけした」が21.5%にとどまり，「委任も相談もしなかった」は69.9%と7割が相談していなかった。

　離婚前への子どもへの説明では，「離婚」につき「話をした」が53.0%と過半を超えたが，「話をしていない」も47.0%と多かった。これに対して，「離婚理由」「離婚後の親権者」「面会交流」はそれぞれ「話をしていない」が66.8%，58.2%，57.3%となり，「養育費」について81.3%が「話をしていない」と回答した。「住居・学校」「苗字変更」も，「話していない」が6割を超えていた。離婚に伴う重要な事項での子どもへの説明はされていないことが多かった。「子どもの意向の反映」でも，「しなかった」が最も多く，32.2%であった。その理由としては「子どもが幼かったから」が80.6%を占めていた。

　離婚相手との話合いでは，「子どもの親権」で「話合いをしていない」が26.0%，「養育費」についても，「決めていない」が21.5%，「口約束で決めた」が31.5%と多かった。「面会交流」についても，「決めていない」が29.0%，「口約束で決めた」が32.5%とほぼ同様の傾向であった。「財産分与」については，「決めていない」が44.1%，「口約束で決めた」が22.7%であった。

　そこで，ここでは，離婚と子どもをめぐる困難な問題，特に，日本における協議離婚制度の実情や問題点を踏まえつつ，日本法の親権・監護法制の沿革や意義，面会交流，離婚後の共同親権や親権・監護法制の立法動向について触れるとともに，韓国や台湾の先生方と，三か国に共通の課題である子どもたち権利や福祉に適う法整備や社会的支援のあり方について考える機会にしたいと思う。

II　親権・監護法制の沿革と近時の改正点
　明治時代の初期までは，そもそも日本には「親権」という言葉も概念も存

在しなかった。親権という概念は，明治期の近代的な法典編纂作業に伴い，海外の立法例（主としてフランス法）を参酌して明治期に翻訳され導入された用語・概念といってよい。律令制度以来の日本の法制度において，庶民法でも武家法においても，親は子に対して絶対的な教令権と強大な懲戒権を保有していた。そして懲戒権に基づいて，親は子を戒めのために折檻したり，座敷牢に監禁したり，また勘当して懲戒的に放逐したりすることもできた。江戸時代において，親が子捨て，子殺しができ，子を売ったり，親の一存で奉公に出すなどできたようで，少なくとも親は子どもに対する強大な人格的支配を行っていたと言える[5]。

　日本では，1898（明治31）年に民法典が施行されたが，明治民法の親族・相続編は，封建的家父長制的な家制度を原則として長男が単独で家の財産を承継する家督相続制度を採用した。明治民法の下では，子は家に在る父の単独親権に服した（明治民法877条1項）。母親が親権者となるのは，父親が行方不明や，死亡したり，家を去るなどしたときに，例外的に認められたにすぎなかった（同条2項）。もっとも，離婚の際に，親権者は父とされたが，監護者として母を定めることはできた（同812条1項）。

　このように，明治民法は，家制度を基盤とした家父長制に基づき，親権を家に在る父の絶対的権利（父権）として位置付け，父が知れず，死亡したり，家を去り，親権行使ができないような場合に，はじめて家に在る母の権利を認める立場を採った。また，協議離婚においても，子の監護者等を定めないときは，父の監護を優先させ，父が離婚で家を去った場合のみ，母に監護が帰属するという考え方を採用した。明治民法は，家制度の存続や発展を維持するために，親権につき父を優先させ，例外的に父が家を去ったり，親権行使が困難な場合に，母の親権行使を認め，離婚により父が家を去った場合に，母の監護が認められるとした（明治民法877条，812条2項）。

　しかし，戦後の民法の改正で，日本国憲法の個人の尊厳と両性の本質的平等の理念（憲法24条）に反するとして，家制度の下での父親の絶対的単独親権制度が改められ，婚姻中は父母が平等に親権を有し（民法818条1項），未成年の子に対する親権は原則共同で行使するという共同親権制度になった（民

法818条3項）。もっとも，離婚後は父母は別々に暮らすことになるので，実際上父母が共同で子に対する親権行使をすることは困難との理由で，一方の単独親権となった（民法819条1項）[6]。当時の欧米諸国も母親が単独で親権者となることが主流で，あまり大きな議論にはならなかった。

　父母間に親権者の指定についての協議が調わず，調停の成立しないときは，家庭裁判所は子の利益・子の福祉の観点から父母及び子に存する一切の事情を考慮して協議に代わる審判をし（民法819条5項，家事事件手続法別表第二の8参照），裁判離婚に際しては，同様の観点から裁判所が父母の一方を親権者と指定することになる（民法819条2項，人訴32条3項）。このような親権者の決定とは別に，子の監護者を定めることもでき，父母間で協議が調わないときは，家庭裁判所が後見的に子の監護に関する処分として監護者の決定も行う（民法766条2項，家事事件手続法別表第二の3）。

　また，2011年5月には，児童虐待の防止及び児童の権利利益の擁護の観点からの親権・後見制度の見直しをする民法の一部改正が成立した。主要な改正点は，親権を行う者は「子の利益のために」子の監護及び教育をする権利を有し義務を負うとした（820条）。また，懲戒権は，子の監護及び教育に必要な範囲内で子を懲戒することができると定め（822条），懲戒場の規定は削除された。親権喪失制度のほかに，新たに親権停止制度が設けられ，親権停止・喪失の要件，子本人を含めて申立権者が広がり，2年以内とされた（834条，834条の2第2項）。

　また，1996年2月の民法改正要綱で提案されていた面会交流や養育費（監護費用の分担）についても，民法766条の一部改正で明文化され，「子の利益を最も優先して考慮しなければならない」との規定も挿入された（766条1項）[7]。

　なお，深刻な児童虐待死事件が相次いだことから，2019年7月に，法制審議会民法（親子法制）部会が設置され，無戸籍者の解消のための嫡出推定・否認制度を中心とした実親子関係の成立のルールの見直しと，親権のうち懲戒権の見直しが諮問されており，懲戒権を削除するか，「指導及び助言」に代えるか，子の人格の尊重及び体罰・心身に有害な影響を及ぼす行為の禁止について規定するかどうかが審議されている[8]。

Ⅲ　面会交流をめぐる問題点と課題

　児童の権利に関する条約でも，離れて暮らす父母との継続的な接触・交流は子どもの権利であることが謳われている（条約9条3項）。日本でも，2012年4月から，面会交流については，明文で規定が置かれた（766条1項）。しかし，面会交流の権利性をめぐっては，積極説と消極説で対立がある。積極説でも，親の自然権であるとともに監護関連権であるとか，親権の一権能とみる説，親の権利であると同時に子の権利でもあるとする説が説かれている。

　面会交流をめぐっては，2012年4月から民法の一部改正により，民法766条1項に面会及び交流として明文の規定が置かれたため，面会交流原則的実施論と面会交流原則的実施否定論とで激しい対立が生じた。原則的実施論は，父母双方との継続的な接触や交流の維持が，子の健やかな発達や成長に重要であること，2011年民法の一部改正で，民法766条に「面会及び交流」が明記されたことから，当初，家庭裁判所実務の一部では，子の虐待，連れ去り，DV，暴力，ストーカー行為など面会交流を禁止したり制限すべき事情がない限り，できる限り非同居親との面会交流を実施しようとする傾向がみられた。また，また，児童の権利条約9条3項の趣旨やその基本理念の再確認として，これを支持する立場も有力であった。これに対して，面会交流原則的実施否定論は，面会交流を，家庭裁判所が同居親の意に反して無理強いする結果，同居親の不安感が増大し，子どもの精神的安定も著しく害されていると強く批判する[9]。

　ところで，厚生労働省の2018年度の面会交流相談支援事業についての委託調査研究では，全国の自治体・民間団体55団体に対するアンケート調査を行った結果，32団体からの回答があった（58.2%）。その結果，ひとり親支援系11団体（34.4%），当事者系9団体（28.1%），司法系8団体（25.0%）となっており，支援内容は，「付き添い型」「受け渡し型」「連絡調整型」のいずれも実施が8〜9割に上った。親向けの事前ガイダンスを実施しているところは，約8割にのぼり，実施していないが個別面談をしているところが約2割だった。支援条件としてほぼ必須は「父母の合意」であり，面会交流のルールの遵守は全ての団体が要求していた。

　面会交流が継続するケースとしては，「ルールが守られる」「面会交流の意義を理解」「子どもの意思・気持ちの尊重」「子どもの幸せ第一に」「父母間の信頼関係」「育児等親子関係の実績」等が上位を占めていた。これに対して，面会交流が中止となるケースでは，「子の連れ去り等の問題行動」「面会交流のルール違反」「悪口等のストレス」「養育費の不払い」「子への面会交流の強要」と続く。結局，このように面会交流の障碍やリスク要因をどれくらい減らせるかどうかが，面会交流支援にとっても大切なファクターになる。

　面会交流支援団体側の運営上の課題として，アンケートの結果からは，「人材不足（支援員や相談員の確保）」(75.0%)，「財源不足」(65.6%)，「専門人材の確保」「ネットワーク化」(53.1%)，「面会交流に適した場所の確保」(34.4%)，「周知やPRの不足」(18.8%)，「面会交流のガイドライン」(15.6%) 等で多く，自治体では，人材不足，専門人材確保，面会交流のガイドラインが主要課題とされていた。喫緊の課題としては，十分な事業の周知・PRを具体的にどのようにすべきか，必要な財源や場所の確保，支援者や支援団体の不足をどうすべきかが挙げられる[10]。

　欧米諸国と比較しても，日本の面会交流支援団体や支援者は，民間機関にしろ，自治体にしろ，圧倒的に数は限られ10分の1以下しかない。しかも，事業継続のための人材不足や財源の確保の問題は深刻と言える。また，相談支援体制としても，関係機関の連携や専門家との連携も脆弱であり，限られたリソースを有効に活用するためには，面会交流支援団体における相互交流やネットワーク化を強力に推し進める必要がある。

Ⅳ　離婚後の共同親権の可能性とその限界

　日本でも，少子化，共働き，父親の育児参加などで，1980年代，1990年代から親権・監護争いが一層激しくなり，2000年代からは，共同親権や父親の権利・面会交流を求める声も強く出てきた。「親子断絶防止法案」「共同養育支援法案」という動きである。他方，DVや暴力で困っている女性や母親を支援する団体や弁護士を中心に，共同親権や面会交流原則実施論に強い反対も表明されている。

　賛成論は，子どもは父母双方の愛情を受けて育てられるべきでありその方が子どもも幸せであること，偽装DVやでっち上げで，子どもとの面会交流の許否や無断での子の連れ去りが横行していること，単独親権制度は子を片親から引き離し，いずれかを選ばせることで，かえって父母の争いを助長すること，親から子を引き離すことは一種の虐待に近いことなどから，欧米諸国と同様に共同親権制を採るべきだと主張している。

　反対論は，DV・暴力・虐待に悩む親は，共同親権や面会交流を通じて無理やり関係を続けさせられ，さらなる深刻なダメージや危険を与えること，共同親権になると子どもにとって重要な問題について相手方と話合いができず，迅速に決められないこと，単独親権のほうが子どものための決定をしやすく，子どもも忠誠葛藤に悩まずにすむこと，共同親権や面会交流の実施より，安全・安心の確保，DVやストーカー対策，経済格差の解消のほうが優先事項であると反論する。

　日本家族〈社会と法〉学会では，離婚後の共同親権の可能性について，提案を行ってきた。①許末恵青山学院大学教授の提案では，父母は常に親権者であり，婚姻の有無と関係なく父母は共同親権者となる[11]。②犬伏由子慶應義塾大学名誉教授の提案でも，離婚後も父母は共同親権とし[12]，③家族法改正研究会「親権法グループ」の提案でも，法律上の親であれば親権は帰属し，行使もできるとする[13]。④山口亮子関西学院大学教授は，親権の上位概念として，親固有の権利義務を想定し，親権を監護権を中心に構成し，子の監護に関する重要な決定，日常の世話，居所の決定に分け，「重要事項」の決定は原則共同にするか，選択共同にするかは，支援体制の充実度で決まるとする。離婚時の父母間で，共同か単独化が決められないときは，家庭裁判所が子の福祉の観点から決定する。①～③はいずれも，親権の帰属と親権の行使を区別して，親権は父母に共同で帰属するが，行使については，共同か単独かを協議で決め，重要事項の決定には父母の同意や承諾を要し，もし争いがあれば家庭裁判所が決定する[14]。⑤水野紀子東北大学名誉教授は，親権の帰属と行使を区別せず，婚姻外で認知した場合，婚外子の父の親権行使は，子の養育の関与にふさわしい場合に限定する[15]。

これに対して，⑥長谷川京子弁護士は，離婚後の共同親権の推進により，子の福祉になったというエビデンスはなく，子の監護をめぐる紛争を激化させ，DV・暴力の被害を受ける同居親や子どもに深刻なダメージをもたらし，大きな痛手を負わせるとして，反対との立場を採る[16]。また，⑦小川富之大阪経済法科大学教授は，オーストラリアやイギリスでの経験を参考に，日本でも，親権概念の中身の議論をするとともに，民法766条の監護者制度の活用により，共同監護の分担も解釈上可能であり，離婚後の共同親権という制度を採用せずに，父母の子の養育に関する共同責任を果たすこともできると，離婚後の共同親権については慎重な立場を採る[17]。

V　家族法研究会や法制審議会家族法制部会での議論

　公益社団法人商事法務研究会で開催された家族法研究会は，2021年3月に，養育費・面会交流・離婚後の共同養育の可否等についての報告書を公表した[18]。また，2021年3月末には，法務省の法制審議会家族法制部会が設置され，協議離婚制度や離婚後の子どもの養育をめぐる法制の見直しの審議を開始した[19]。

　以下が，審議の対象とされる論点や課題である。

(1)　面会交流の概念や範囲に関する課題

　① 面会交流が子の利益のためにされるべきことを前提として，面会交流の法的性質を明示する規律を設けてはどうか。

　② 祖父母等の親族等を念頭に，子との面会交流を求めることができる主体の範囲に関する規律を設けてはどうか。

(2)　養育費及び面会交流に関する父母間での取決めの促進・確保

　① 離婚を検討している父母を対象に，公的機関が離婚後の子育てに関する法的知識等についての講座・ガイダンス（養育ガイダンス）を実施し，その受講を確保・促進する方策を講じてはどうか。

　② 協議離婚制度の在り方を見直し，例えば，⑦父母がした取決めを離婚時に公的機関に自発的に届け出る制度を設けること，④離婚時に一定の事項を取り決めることを原則として義務付けること（努力義務を含

む。），⑦協議離婚の原則的要件とすることなど，離婚後の子の監護について必要な事項の取決めを離婚時に確保・促進する方策を講じてはどうか。

　　ただし，この方向性については，協議離婚をすることのハードルが上がるとすると，DV事案等において支配・被支配関係から逃れることが難しくなるおそれがあることや，離婚時期が遅れることで児童扶養手当等のひとり親支援の開始も遅くなるおそれがあること等に十分に配慮した検討を行う必要がある。

⑶　面会交流の取決めの促進

①　面会交流の取決めに関し，その内容（実施の有無，方法，頻度等）に関する考慮要素や基準等について法定してはどうか。

②　面会交流に関する調停事件や審判事件において，必要性があり，かつ適当な場合には，家庭裁判所が，当事者の協議又は家庭裁判所の命令により暫定的な面会交流を実施させ，審判等において，その結果を考慮することができることとする制度を設けてはどうか。

⑷　面会交流の実施に関する課題

①　民間の面会交流支援機関について民事法に位置付けた上で，必要な体制等を備えた機関に対する認証制度を導入し，認証された機関に対して財政面，運営面等で公的な支援を行うとともに，裁判所の手続でも当該機関を利用することができることとしてはどうか。

②　面会交流の審判等において，別居親に対して面会交流を命ずるに当たり，DV等の問題に応じ，安全・安心な面会交流の実現のためのプログラムの受講を条件とすることができることとしてはどうか。

③　具体的内容の面会交流を命じる調停や審判が不履行となれば，必要かつ適切な場合に限って，直接的な強制執行を可能とする規律を設けたり，面会交流に関する監護親及び非監護親の態度等が，親権者や監護者指定に関する判断の考慮要素の一つとなることを明示したりしてはどうか。

(5)　**協議離婚及び子ども養育に関する規律の見直し**

①　現行民法は，父母の離婚後に父母の双方が子の養育に関わる場合に関する父母間の関係や，親子間の関係に関する明確な規律を有していないことに鑑み，父母の離婚後の子の養育の在り方として考えられる規律を，可能な限り網羅的に整理・検討した上で，更に検討を進めてはどうか。

②　親子間の法律関係が多層的な構造になっており，親権者と親権者でない親の法的地位や権利義務関係が十分に整理されていない。また，親権・監護権の定義や内容について，誰がどのように分担するかについて，明確な規律がないため，理論上も実務上も混乱を生じている。しかも，親権が親の支配権という構造を持つために，子の最善の利益や子の権利との関係性が不明確であり，用語そのものについても，海外法制のように「親責任」「親の配慮」など見直しが必要ではないか。

③　また，親権者と監護者指定の法的効果や親権者と監護者との法律関係が曖昧であり，祖父母等第三者の監護者指定を家庭裁判所の調停・審判で行えるか，監護者の辞任が可能か等明確な規律が必要ではないか。

(6)　**協議離婚時の養育計画の作成・親ガイダンスの促進・確保のための方策**

①　父母に対する離婚前の情報提供の在り方として，公的機関による離婚後の子の養育に関する講習（養育ガイダンス）を実施し，父母が協議離婚をする場合には養育ガイダンスを受講することを確保するための規律を設けてはどうか。

②　協議離婚時の養育計画の作成を促進・確保する方策として，養育計画の作成と協議離婚との関係，養育計画の内容（養育費・面会交流等），届出をした養育計画の強制執行の可否，養育計画の審査・確認，裁判所での離婚と養育計画等について規律を検討してはどうか。

(7)　**両親が別居をする場合の規律の在り方**

父母の別居により子の心身に大きな影響があることから，父母の離婚時の

みでなく，別居時における子の利益を確保する方策が必要であるとの指摘を踏まえ，両親の別居時における子の養育に関する規律の在り方について，別居の概念，法定別居制度，別居時の養育計画の作成，監護者・親権者指定の際の考慮事項を明示するなど必要ではないか。

⑻　**子の養育をめぐる問題での子の意思や意見を反映させるための方策**

父母が，①離婚に関連して子の養育の在り方を決定する場面（親権者・監護者の指定，面会交流，養育費等）と，②子の養育に関する事項について決定する場面（住まい・学校・教育等の重要事項）のそれぞれにおいて，例えば，子の年齢や成熟度に応じて子の意思や意見を尊重しなければならない旨の原則を明示する訓示的・理念的な規律を設けてはどうか。

⑼　**子の養育に関する事項や財産管理に関する事項，子の身分に関する事項の分類と決定方法**

①　子の養育に関する事項を，㋐重要決定事項（子の養育についての特に重要事項であり，父母双方が決定に関与することが望ましいと考えられるもの。例えば，進路の選択，重大な医療行為等），㋑日常的決定事項（重要事項と随時決定事項を除く日常的なもの。習い事等），㋒随時決定事項（日常生活で随時発生し，子への影響が軽微なもの。昼食時の食べ物等）を整理分類するとともに，誰が決定の責任を負うかを検討し，子の財産管理に関する事項，子の身分に関する事項（氏の変更，養子縁組の代諾等）について規律してはどうか。

②　そのうえで，父母が別居したり，協議離婚・裁判所で離婚する際に，重要決定事項について，双方の合意のみで法定責任を負わせるか，それとも公的機関の関与と子の利益の適合性の確認まで求めるか，離婚後の変更を可能とするか，その場合の申立権者や要件，手続等の規律をどのようにするか。

③　特に，重要事項の具体的な内容として，転居，海外渡航，手術等の生命・身体に重大な影響を与える医療行為，宗教の選択，進学・転校・退学，就労先の選択，その他子にとって著しく重要な事項などが考えられるが，双方の関与の態様，その規律の違反の効果，当事者間

の効果と第三者に対する効果などについて検討する必要があるか。事後的な変更の手続や意見不一致の場合の決定方法の規律も必要ではないか。

Ⅵ　おわりに——現在の審議の状況

　以上のような論点や提案を踏まえて，法制審議会家族法制部会では，2022年 1 月25日に第 1 巡目の議論が終わった。2022年 2 月22日からは第 2 巡目の議論が始まっている。そこで，親子関係に関する総論的な規律，親権・監護権の概念や用語の見直し，子の監護についての必要な事項の取決め，離婚後の子の監護についての必要な事項に関する実体的規律，法定額養育費制度等について検討がなされている。以下で，審議内容や現状を紹介する。

　まず，親子関係に関する総論的な規律について，子の利益を最も優先して考慮する義務や子の意思の尊重，未成年の子の養育義務の規定を置くという提案がなされている。未成年の子の養育義務，扶養義務の明記の賛成は多かったが，成年の子の養育義務，扶養義務については，家族の責任を重くしすぎるもので，国の社会保障の責任を後退させることにつながりかねず慎重にすべきとの意見もみられた。さらに，親の法的地位については，包括的な呼称を用いることについては一定の理解が得られたが，親責任，親の配慮，親の権利義務などについて，適切な用語を検討することとしている。

　親権者概念の整理では，「親権者」は，子の監護，教育，宗教など子の人生の選択に大きな影響を与える重要な事項，財産管理などの事項について排他的な権限を有し，義務を負うものと整理する。また「監護及び教育」では，子の日常生活に関する事項の決定，事実としての世話・教育の決定，日常生活に必要な範囲での財産管理を含むとの提案がなされ，おおむね了解が得られた。

　子の監護に関する必要な事項の取決めでは，複数の父母がいる場合に，父母間でのその協議により，監護者，親と子の交流，未成年子の扶養義務の分担その他子の監護について必要な事項を定めると規定する。もし，父母間で協議が調わないとき，又は協議をすることができないときは，父母又は子の

請求により，家庭裁判所がこれを定めるとする。また，子の利益のため必要がある場合には，親以外の第三者も，親権者との協議により，子の監護者となり，また，子との交流をすることができるものとする。この協議が調わないとき，又は協議ができないときは，家庭裁判所がこれを定める。第三者とは，祖父母，里親，継親その他の親族を指す。

　家庭裁判所が，監護者指定，親又は第三者との交流を定めるにあたり，子の出生から現在までの生活及び監護の状況，子の発達状況，環境への適応，親との親和性，監護能力，子の意見又は心情などの事項を考慮し，子の利益を最優先に考慮して定めるものと提案する。

　また，協議離婚制度の改革では，離婚時の情報提供や子の監護について必要な事項の取決めの確保について提案がなされている。すなわち，未成年の子の父母が協議で離婚をする場合，父母双方が，親の法的地位，親権者・監護者，養育費，面会交流等の法的な事項，離婚をする当事者や子どもへの離婚の影響，その配慮等の心理学的知見，ひとり親の支援制度などの離婚後親教育講座，親ガイダンスなどを受講しなければならないとする提案がなされた。親ガイダンスの受講を義務化するか，任意のものとするかでは，努力義務としたり，任意のものとすると父母はこれを受講しないとの意見が有力であった。実施主体としては，市区町村とするか，都道府県とするか，家庭裁判所での親ガイダンスとどう違うかなどが問題とされたが，市区町村では規模・実施能力等でばらつきが生ずるので，内容は法務省，厚生労働省などの中央省庁で責任を持って決定し，全国で統一した親教育プログラムを対面型だけでなく，オンライン，オンデマンド型で提供すべきとの有力な意見があった。

　また，子の監護に必要な事項の取決めを確保する方策としては，協議離婚に際して，父母が監護者，養育費，面会交流など子の監護に必要な事項を定め（養育計画書），弁護士等の法律家の確認を受けたうえで届け出ること，子の監護についての必要な事項の定めがなされており，養育費についての部分で債務名義となる（強制執行を可能とする）文書が作成されていることを必要とする定めを置く。ただし，父母に離婚届出の時点で，DV等で子の監護に

ついて必要な事項（養育計画）の協議ができない事情がある場合には，養育計画の合意は必要ないものとする。この点は，現行の協議離婚制度のハードルを上げすぎると，事実上の離婚状態にしてしまい，DV等の被害者がいつまでも離婚できないとの批判にこたえたものである。養育計画書の内容，弁護士等の法律家の研修や認定方法，民事執行法等での債務名義化の要件の検討が必要である。

　父母が子の監護に必要な事項，特に養育費について協議ができない場合に，他方に対して，協議，審判等で扶養義務が確定するまでの間に，標準的な父母の生活実態を参考にした法定養育費額を自動的に取得する「法定額養育費制度」を置く。これにより，相手方と関わりたくないとか，支払いの意思や支払い能力がないなどで，養育費の取決めができていない現状を大きく改めることが期待される。法定額養育費と後で定められる養育費額に差額が生じた場合には，家庭裁判所が，審判で差額の支払いを命じることができるとしている[20]。

【注】

1 ）厚生労働省「平成28年度全国ひとり親世帯等調査結果」（https://www.mhlw.go.jp/stf/seisakunitsuite/bunya/0000188147.html）（2021/09/14閲覧）

2 ）最高裁判所「令和元年度司法統計年報家事事件編」（https://www.mhlw.go.jp/stf/seisakunitsuite/bunya/0000188147.html）（2021/09/14閲覧）

3 ）厚生労働省「令和元年度人口動態統計（確定数）」（https://www.e-stat.go.jp/stat-search/files?page=1&layout=datalist&toukei=00450011&tstat=000001028897&cycle=7&year=20190&month=0&tclass1=000001053058&tclass2=000001053061&tclass3=000001053070&result_back=1&tclass4val=0）（202/09/14閲覧）

4 ）法務省「協議離婚の実態に関する調査研究業務報告書」（2021年 3 月）（https://www.moj.go.jp/MINJI/minji07_00244.html）（2021/09/14閲覧）

5 ）平田厚「わが国における親権概念の成立と変遷」明治大学法科大学院論集 4 号92頁（2008年）参照

6 ）我妻栄『改正親族・相続法解説』107頁（日本評論社，1949年）参照

7 ）二宮周平編『新注釈民法(17)親族(1)』（棚村政行執筆）324～326頁（有斐閣，2017年）

8 ）法務省ホームページ，法制審議会親子法制部会（https://www.moj.go.jp/shingi1/shingi0350004.html）（2021/09/14閲覧）

9 ）二宮編・前掲注 7 ）（棚村政行執筆）360～361頁参照

10）厚労省母子自立支援室編『平成30年度厚生労働省委託調査親子の面会交流に関する相談支援の充実に向けた調査研究報告書』 1 頁以下（工業市場研究所，2019年12月）

参照

11）許末恵「親権をめぐる法規制の課題と展望」家族〈社会と法〉24号126頁（2008年）

12）犬伏由子「親権・面会交流権の立法課題」家族〈社会と法〉26号35頁（2010年）

13）山口亮子「親権法改正要綱案」家族〈社会と法〉33号60～63頁（2017年）

14）山口亮子『日米親権法の比較研究』336～341頁（日本加除出版，2020年）

15）水野紀子「親権法（特集　家族法改正——婚姻・親子法を中心に）」ジュリ1384号58頁（2009年）

16）梶村太市・長谷川京子・吉田容子編『離婚後の共同親権とは何か』（長谷川京子執筆）83～107頁（日本評論社，2019年）

17）梶村・長谷川・吉田編・前掲注16）（小川富之執筆）108～121頁参照

18）商事法務編『家族法研究会報告書—父母の離婚後の子の養育の在り方を中心とする諸課題について』別冊NBL173号1頁以下（2021年）

19）詳しくは，法制審議会家族法制部会議事録・資料参照（https://www.moj.go.jp/shingi1/housei02_003007）（2021/09/14閲覧）

20）法務省，法制審議会家族法制部会第11～13回会議・資料及び議事録・議事速記録（https://www.moj.go.jp/shingi1/housei02_003007）（2022/09/14閲覧）

（TANAMURA, Masayuki／早稲田大学法学学術院教授）

離別後の親権・監護法制の現状と実務

小川　富之

I　はじめに

　厚生労働省の統計によると，2020（令和2）年の離婚件数は約19万3000件で，親の離婚を経験する子は年間約19万4000人だった。当事者同士の話合いで離婚する協議離婚が88％を占め，母親が親権を持つケースが84％にのぼる。離婚後，子と同居しない親が支払う養育費の受給率は母子世帯で24％にとどまり，ひとり親世帯の貧困の要因になっている。法務省が未成年のときに両親の離婚・別居を経験した20～30代の千人を対象とした調査では，40.5％が両親の別居後に経済的に苦しくなったと答えたと報じられている。

　最高裁判所事務総局家庭局によると，2019（令和元）年に，全国の家庭裁判所が新たに受理した家事事件，人事訴訟事件等の総数（新受件数）は109万1805件で，過去最高を記録したとのことである。既済事件数も過去最高で108万2426件であった。審判事件の新受件数の内で別表第二審判事件の事件別では，子の監護に関する処分事件が大幅に増加しており，2019（令和元）年は9527件で，2010（平成22）年の約1.4倍になっている。そのうち，監護者指定事件，面会交流事件及び子の引渡し事件の増加が著しく，監護者指定事件が2614件（2010（平成22）年の約1.9倍），面会交流事件が1979件（同約1.6倍），子の引渡し事件が2250件（同約1.9倍）となっている。これらのことから分かるように，近年，離別後の子の養育をめぐる争いの増加が顕著であり，父母間での協議による解決が困難な事例が急増している。本稿では，このような状況の背景に存在すると解される，日本における離別後の親権・監護法制の

現状についてその概要を紹介し，離別後の親権及び子の監護をめぐる裁判実務について紹介する。

Ⅱ　離別後の親権・監護法制の現状

1　日本の「親権」について

(1)　親権の意義

　日本の親権は，英語では「Parental Authority ／ Parental Right」ドイツ語では「Elterliche Gewalt／Elterliche Sorge」フランス語では「Puissance Paternelle」と表現される。この親権は，「父母が未成年の子を一人前の社会人となるまで養育するため，子を監護教育し，子の財産を管理することを内容とする親の権利義務の総称」と定義される。親子関係があるということから，相互に相続人となり（民法887条〔子及びその代襲者等の相続権〕～889条〔直系尊属及び兄弟姉妹の相続権〕），お互いに扶養の義務を負う（877条〔扶養義務者〕）などの血族的効果が生ずるが，最も重要で親子間に特有の法律関係は，親が未成熟の子を監護教育し，その財産を管理するという親権関係であると解される。このように，親権の内容は，子の身分上の監護教育権と財産上の管理処分権に大別される。身分上の監護教育権に属するものとしては，監護教育権（820条），居所指定権（821条），懲戒権（822条），職業許可権（823条）等があり，財産上の管理処分権には，財産管理権のほか，子の財産に関する法律行為の代表権（824条）が含まれる。

　日本では，子の親権に関して，父母の婚姻中は，原則として，父母が共同して親権を行い（818条〔親権者〕），離婚するときは，父母の協議で，又は協議の調わないときは請求により家庭裁判所が，また，裁判上の離婚の場合は裁判所が職権で，どちらか一方を親権者と定める（819条〔離婚又は認知の場合の親権者〕），と規定されている。

(2)　共同親権

　未成年の子は，父母の親権に服し，父母の婚姻中は，父母が共同して親権を行う（818条〔親権者〕1項・3項）。父母が婚姻しており，子と共同生活をする場合に，子の監護及び教育は父母が共同で行うことが適切であると考えら

れるからである。

(3)　単独親権

父母が共同で親権を行使することが不能又は不当と考えられる次の場合には，父母のいずれか一方の単独親権となる。

・父母の一方が親権を行うことができない場合

婚姻中の父母による共同親権行使の例外として，父母の一方が親権を行うことができないときは他の一方が親権を行うと規定されている（818条3項ただし書）。親権を行うことができないときとしては，長期間の旅行，死別，行方不明，重篤な病気や受刑等の事実上の障害と，親権者が成年被後見人等の制限行為能力者の宣告を受けたときや親権行使を禁止する仮処分等を受けたときなどの法律上の障害がある。また，親権又は管理権の喪失宣告を受けたとき（834条〔親権喪失の審判〕，835条〔管理権喪失の審判〕）や親権又は管理権を辞任したとき（837条〔親権又は管理権の辞任及び回復〕）も，親権を行うことができないときに含まれると解されている。

共同親権において父母の意見が一致しない場合には，親権を行使し得ないことになるが，立法論として家庭裁判所の判断によって父母いずれか一方の意見に従う制度を創設すべきだとの見解が主張されている。

・父母が離婚する場合

父母が協議上の離婚をする場合はその協議又は協議に代わる審判で，裁判離婚の場合は判決で，親権者と定められた一方が親権を行う（819条1項・2項及び5項）。これは，実親と養親が婚姻し共同で親権行使をしていた場合の離婚のときにも同様とされている。子の出生前に父母が離婚した場合には，原則として母が親権を行うが，子の出生後に父母の協議又は協議に代わる審判で父を親権者と定めることができる（819条3項及び5項）。

・嫡出でない子の場合

嫡出でない子に対しては母が親権を行い，父が認知して父子関係が生じた後も同様であるが，父母の協議又は協議に代わる審判で父を親権者と定めた場合は父が親権を行うことになる（819条4項及び5項）。

⑷　親権者の変更

離婚した父若しくは母が親権者となり，又は父が認知した子の親権者となった場合に，子の利益のために必要があると認められるときは，家庭裁判所は，子の親族の請求によって，親権者を他の一方に変更することができる（819条6項）。

⑸　親権に服する子

親権に服するのは未成年の子に限られる（818条1項）。成年に達すれば，たとえ独立した生計を立てていなくても親権には服さない。

2　離婚後の子の監護

⑴　離婚後の子の監護に関する事項の定め等

民法第766条（離婚後の子の監護に関する事項の定め等）は，次のように規定している。

第1項：父母が協議上の離婚をするときは，子の監護をすべき者，父又は母と子との面会及びその他の交流，子の監護に要する費用の分担その他の子の監護について必要な事項は，その協議で定める。この場合においては，子の利益を最も優先して考慮しなければならない。

第2項：前項の協議が調わないとき，又は協議をすることができないときは，家庭裁判所が，同項の事項を定める。

第3項：家庭裁判所は，必要があると認めるときは，前二項の規定による定めを変更し，その他子の監護について相当な処分を命ずることができる。

第4項：前三項の規定によっては，監護の範囲外では，父母の権利義務に変更を生じない。

このように，父母が協議上の離婚をするときに，子の監護について必要な事項を定めること，家庭裁判所は，必要があると認めるときにその定めの変更その他相当の処分ができることが規定されており，この規定は，裁判離婚（771条〔協議上の離婚の規定の準用〕）及び非嫡出子の父による認知（788条〔認知

後の子の監護に関する事項の定め等〕）に準用されている。このことから分かるように，日本では，親権者以外の者が子の監護をすることを明文で認めている。

(2)　子の監護について必要な事項

民法第766条（離婚後の子の監護に関する事項の定め等）で規定する「監護」は，親権の効力としての「監護」（820条〔監護及び教育の権利義務〕）であり，子の身体的な成育を図ることをいうと説明される。親権としては，監護教育の権利義務（820条）として規定され，監護と教育を分けており，監護は主として肉体的成育を図ることを意味するのに対して，教育とは精神的発達を図ることを意味すると説明される。しかしながら，この両者を明確に区別することは困難であり，また，その必要も一般にはなく，監護と教育は一体となって，子を一人前の社会人として成育させることととらえれば足りる。

しかしながら，離婚の際に，子の監護者が定められた場合には，親権者から監護の部分が切り離されることになるので，監護の範囲に教育が含まれるかどうかが問題とされる。離婚後の監護者に関して，その監護の中には教育は含まれないと解する考え方もあるが，監護と教育を不可分のものと考え，第766条の監護には教育が含まれることはもちろんのこと，居所指定，懲戒，職業許可などの身上監護の全てが包含されるとする説が有力であり，この立場を支持したい。

父母の婚姻中は，通常は父母が子と同居して生活しており，親権を共同で行う父母が監護も共同して行う。しかしながら，父母が離婚すると，父母のいずれか一方が親権者となり，父母が別々の場所で生活をすることになる。この場合，子は父母のいずれか一方と同居して生活をすることになり，子の監護について，方法，期間，監護費用の分担等の子の監護について必要な事項を取り決める必要が生じる。離婚後に親権者と定められた父母の一方と，親権者でない他方の父母が，子の親としてどのように子の監護に関わる必要があるのか，子の同居親となった親と別居親が，どのように子の監護に関わる必要があるかといった事について取決めをすることになる。

父母が離婚をするときには，離婚後の親権者を父母の一方に定めなければならない（819条〔離婚又は認知の場合の親権者〕1項〜3項・5項）。子を監護すべ

き者を特に定めなかった場合には，親権者となった父又は母が子を監護することになる（820条〔監護及び教育の権利義務〕）。しかしながら，親権者となった父母の一方が子の監護に不適切であるときは，親権者でない他方の父母又は第三者に子の監護をさせることができる。親権者とならなかった親は，親権者ではないので，親権者としては親権を行うことができないが，「法律上の親としての親権」はなおも有しており，監護者となったときには，その「親権」に基づいて監護をすることになり，これを「監護権者」と呼ぶことがあると説明される。

　監護について必要な事項が定められた場合，その範囲外では，父母の権利義務には変更を生じない（766条4項）。第766条は，2011年に改正されたが，改正前からこの点については，同様である。親権のうち監護及びそれに関連する事項である，教育，居所指定，懲戒等は監護者が主として行い，親権者は，法定代理人としての権限（791条〔子の氏の変更〕3項，797条〔15歳未満の者を養子とする縁組〕1項）や財産管理権（824条〔財産の管理及び代表〕）を行うことになる。未成年者の法律行為に対する同意権（5条〔未成年者の法律行為〕1項：「未成年者が法律行為をするには，その法定代理人の同意を得なければならない。……。」），営業許可（6条〔未成年者の営業の許可〕）については，規定上は法定代理人によると規定されているが，この場合の扱いについては，検討する必要がある。

3　日本における，子の健全な成育（生育）に向けた共同養育の可能性について

　日本の「親権」については，前述のとおりで，日本では，父母が離婚した場合には，父母の一方を親権者として定めなければならないが，親権者以外の者であっても，子の親であることには変わりはないので，親権を行うことを完全に否定されているわけではなく（819条〔離婚又は認知の場合の親権者〕1項：「……その一方を親権者と定めなければならない。」と規定されているだけで，親権の行使については明記されていない。），したがって，離婚に際して子の監護についての定めがなされているときにはその定めに従い，また定めが無い場合で

あっても，子の健全な成育（生育）を実現するために，子の最善の利益の観点から必要とされる親権の「行使」，特に子の監護について必要とされることができると解される。

そこで，離婚する場合に，子の監護に関する事項の定めがなされた場合の，親権者と監護者による子の養育について，日本でも，現行法の枠組みの中で，共同又は分担での監護が可能であることを検証する。

(1)　第766条の監護についての必要な事項として，親権者とは別に子の監護をすべき者（監護者）を定めた場合

この場合には，幾つかの解釈が可能である。

第1に，親権者の有する監護の権利義務は全て監護者に移ると解する見解がある。ただ，教育の権利義務はどうなるのかについては，問題となるが，前述のとおり，監護者がその監護とともに教育についても権利義務を行使することになると解すべきである。

第2に，親権者は監護者の行使する監護の権利義務を除く部分の監護の権利義務を留保すると解する見解がある。この場合，教育に関する権利義務は協議により，親権者又は監護者が行使することになると解される。

第3に，親権者と監護者が共同して親権の効力としての「監護」の権利義務を行使すると解する見解がある。

離婚に際して，父母のいずれか一方を親権者とする定めをしたうえで，その単独親権者となる者と協調・協力して，子の健全な成育（生育）のために，子の最善の利益の観点から，子の監護に関する事項について協議し，親権者とならなかった者を監護者とする定めがなされているわけであるから，必要に応じて，当事者の協議により決せられることになる。

(2)　第766条の監護について必要な事項として，親権者の「監護」の権利義務の一部を親権者とならなかった者に与える（負わせる・行使させる）という内容の定めをした場合

この場合は，単独親権制の下での子の「監護」の分担ということになる。これまでも，子との面会交流についての定めがされてきたが，子の健全な成育（生育）にとって必要な面会及びその他の交流をすることで子の「監護」

を分担することになるわけである。このことからも分かるように，面会交流は親のためのものではなく，子に対する親の責任ということになる。

(3)　第766条の監護についての必要な事項として，親権者は単独で第4章で規定する「監護教育」の権利を有し義務を負うとしたうえで，親権者とならなかった者に子の「監護」を親権者と共同で負担するという内容の定めをした場合

この場合は，単独親権制の下での子の「監護」を共同で行うことになり，欧米諸国での共同監護に近いものであると解される。この場合の親権者は，欧米諸国での「同居親」に類似することになる。

この3つ以外にも，第766条で規定する「子の監護について必要な事項」については，子の健全な成育（生育）にとっての必要性を考慮し，子の最善の利益の観点から，多様な定めができるわけである。このように，日本における現行の単独親権制で，離婚後の子の監護に関する協議により，欧米で行われているような，共同又は分担での子の養育の実現は十分可能である。

Ⅲ　離別後の子の養育に関連する裁判例

2019（令和元）年8月から2020（令和2）年7月までの間に刊行された最高裁判所民事判例集，最高裁判所裁判集及び主要法律雑誌に掲載された裁判例のうち，離別後の子の養育に関連するものは次のとおりである。

(1)　子の監護（東京高裁令和元年8月23日決定〔判タ1472号98頁，判時2442号61頁〕）

本件は，原審が，父親（抗告人）と3人の子ら（利害関係参加人ら）との直接交流（面会）を認めず，手紙の送付等の間接交流のみを認めたのに対し，抗告審は，原審を基本的に維持しつつ，母親から父親に対して子らの電子メールのアドレス及びLINEのIDを通知すべきことなどは認め，その限度で原審を変更した事例である。

(2)　その他の裁判例（最高裁平成31年4月26日決定〔集民261号247頁，判時2425号10頁，家判22号67頁〕）

本件は，子の引渡しを命ずる審判を債務名義とする間接強制の申立てが権

利の濫用に当たると判示した事例である（全員一致）。

Ⅳ　離別の際の親権者と面会交流について――100日面会交流事件を中心に

1　事件の概要

離婚後の親権者の決定について，欧米諸国ではいわゆる「フレンドリー・ペアレント」の考え方に基づいた対応がなされており，日本の裁判実務でも「面会交流原則的実施論」の考え方に立った対応がなされてきた。この問題について，いわゆる「100日面会交流事件」として注目を集める裁判で，面会交流と親権者指定にかかわる注目すべき判断が示された。この事件では，父と母とで子の監護能力及び環境等に大きな差がない場合で，父母別居後に母による監護が安定的に継続しているのに対して，父から共同監護的な視点から非常に頻繁な面会交流の提案がなされている事例における子の親権者指定が争われた。

本件は，母が父に無断で，当時2歳4か月の子を連れて別居し，5年余りの間別居が継続しており，別居当初は父と子の面会交流が行われていたが，その後しばらくしてから後は父に子と面会交流させていなかったという事案である。母側の主張は，子の親権者は母とし，父と子の面会交流については，FPIC等を利用するという条件で認めるというもの。これに対して，父は第三者を介しての面会交流は一切拒否，子の親権者は父とし，母と子の年間約100日の面会，一日1時間の電話での会話という詳細な「共同監護計画書」を提出している。

千葉家裁松戸支部（平28・3・29判時2309号121頁）は面会交流に寛容な父を親権者としたが，東京高裁（平29・1・26判時2325号78頁）は，面会交流だけで子の健全な生育や子の利益が確保されるわけではないとして，安定して子の監護を継続している母を親権者とした。

子の親権者指定の際に，第1審の千葉家裁松戸支部は家庭裁判所が近時，強力に推進している面会交流原則的実施論を前提とした審理方法（明白基準説＝抗弁説）を採用したのに対して，原審の東京高裁は父母双方の事情を比

較衡量して丁寧に審理する従来の審理方法（比較基準説＝請求原因説）に立ち返ったとして注目された。これは，親権者・監護者指定の際に，「寛容性の原則（フレンドリー・ペアレント・ルール）」によるという最近の裁判所の傾向に見直しを迫るものであると解される。

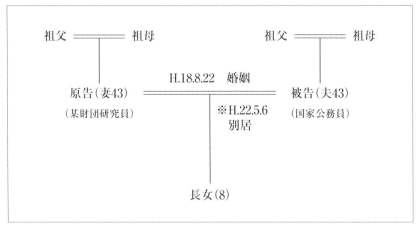

（100日面会交流事件）

2　第1審（千葉家裁松戸支部）判決：一部認容，一部棄却（控訴）

「母は父の了解を得ることなく，長女を連れ出し，以来，今日までの約5年10か月間，長女を監護し，その間，長女と父との面会交流には合計で6回程度しか応じておらず，今後も一定の条件のもとでの面会交流を月1回程度の頻度とすることを希望していること，他方，父は，長女が連れ出された直後から，長女を取り戻すべく，数々の法的手段に訴えてきたが，いずれも奏功せず，爾来今日まで長女との生活を切望しながら果たせずに来ており，それが実現した場合には，整った環境で，周到に監護する計画と意欲を持っており，長女と母との交流については，緊密な親子関係の継続を重視して，年間100日に及ぶ面会交流の計画を提示していること」から，「長女が両親の愛情を受けて健全に成長することを可能とするためには，父を親権者と指定するのが相当である」としたうえで，長女を慣れ親しんだ環境から引き離すのは長女の福祉に反するとの母の主張に対しては，「今後長女が身を置く新し

い環境は，長女の健全な成長を願う実の父親が用意する整った環境であり，長女が現在に比べて劣悪な環境に置かれるわけではない。加えて，年間100日に及ぶ面会交流が予定されていることも考慮すれば，母の懸念は杞憂にすぎないというべきである」として，母に長女の父への引渡しを命じた。

3　控訴審（東京高裁）判決：一部変更（上告）

長女の親権者を母と定める。その理由は，次のとおりである。

「父母が裁判上の離婚をするときは，裁判所は，父母の一方を親権者と定めることとされている（民法819条2項）。この場合には，未成年者の親権者を定めるという事柄の性質と民法766条1項，771条及び819条6項の趣旨に鑑み，当該事案の具体的な事実関係に即して，これまでの子の監護養育状況，子の現状や父母との関係，父母それぞれの監護能力や監護環境，監護に対する意欲，子の意思（家事事件手続法65条，人事訴訟法32条4項参照）その他の子の健全な成育に関する事情を総合的に考慮して，子の利益の観点から父母の一方を親権者に定めるべきものであると解するのが相当である。」

「父母それぞれにつき，離婚後親権者となった場合に，どの程度の頻度でどのような態様により相手方に子との面会交流を認める意向を有しているかは，親権者を定めるに当たり総合的に考慮すべき事情の一つであるが，父母の離婚後の非監護親との面会交流だけで子の健全な成育や子の利益が確保されるわけではないから，父母の面会交流についての意向だけで親権者を定めることは相当でなく，また，父母の面会交流についての意向が他の諸事情より重要性が高いともいえない。」

このような観点から本件をみると，まず，これまでの長女の監護養育状況等については，長女の出生後別居時までの主たる監護者は母であった。そして，母は「父と別居後も一貫して長女を監護養育しているところ，長女は，母の下で安定した生活をしており，健康で順調に成育し，母との母子関係に特段の問題はなく，通学している小学校での学校生活にも適応している」。

監護能力等については，「母と父とで決定的な差はない。」

「子の意思については，長女は，平成28年（当時小学校3年生），母と一緒に

暮らしたいどの意向を示した。」

「父は，自分が親権者に定められた場合には，母と長女との面会交流を年間100日程度認める用意があるから，父を親権者に定めるべきであると主張する。

　一般に，父母の離婚後も非監護親と子との間に円満な親子関係を形成・維持することは子の利益に合致することであり，面会交流はその有力な手段である。しかし，親権者を定めるに当たり，非監護親との面会交流に関する事情は，唯一の判断基準ではなく，他の諸事情よりも重要性が高い事情でもないことは，上記説示のとおりである。そして，母宅と父宅とは片道2時間半程度離れた距離関係にあり，現在小学校3年生の長女が年間100日の面会交流のたびに父宅と母宅とを往復するとすれば，身体への負担の他，学校行事への参加，学校や近所の友だちとの交流等にも支障が生ずるおそれがあり，必ずしも長女の健全な成育にとって利益となるとは限らない。他方，母は，自分が親権者に指定された場合にも，父と長女との面会交流自体は否定していないが，その回数は当面月1回程度を想定している。しかし，当初はこの程度の頻度で面会交流を再開することが長女の健全な成育にとって不十分であり長女の利益を害すると認めるに足りる証拠はない。」

「以上の諸事情のほか，長女の現在の監護養育状況にその健全な成育上大きな問題はなく，長女の利益の観点からみて長女に転居及び転校をさせて現在の監護養育環境を変更しなければならないような必要性があるとの事情は見当たらないことも総合的に勘案し，長女の利益を最も優先して考慮すれば，長女の親権者は母と定めるのが相当である。」

　この事件は，最高裁判所に対して上告受理申立てがなされたが，上告不受理決定で終結した。

4　本判決の位置付け

　親権者の指定は，親の利益や家系の継承の都合等からではなく，もっぱら子の利益や福祉の増進等の観点から行われるべきであると解される（民法819条6項は「子の利益のために必要があると認めるときは，家庭裁判所は，子の親族の請求

によって，親権者を他の一方に変更することができる。」と規定し，親権者変更が認められる場合を「子の利益のために必要があると認めるとき」としているが，この趣旨は親権者指定にも及ぶと解されている。）。

　何が子の利益にあたるかが問題となるが，父母のいずれが親権者として適格であるかは当該事案における諸事情を総合的に比較衡量して決定されることになる。比較衡量すべき具体的事情としては，父母側の事情として，①監護能力，②精神的・経済的家庭環境，③居住・教育環境，④子との親和性，及び⑤監護補助者の有無等が挙げられ，子の側の事情として，①子の年齢・性別・心身の発達の程度，②従来の環境への適応状況，③環境の変化への適応性，④子の意向，及び⑤父母や親族との親和性等が挙げられている。

　これらの諸事情を比較衡量するといっても，個々の諸事情をどの程度考慮するのか，また考慮に際して定量化ができないこと等から，子の親権者指定は容易でない。そこで，これらの比較衡量の基準では優劣がつけにくい場合には，次のような具体的基準が用いられることが多いとされていた。①乳幼児期には，子と「母性」的な役割を持つ監護者である主たる養育者を優先するという原則，②監護の継続性・現状維持を優先するという原則，③子の意思尊重の原則，及び④兄弟姉妹不分離の原則である。しかしながら，①の原則は，従来の「母親」優先原則につながるので公平性を欠くと批判され，②の原則については，子連れ別居をした者が有利に扱われると批判され，監護開始の際に実力行使や違法な奪取行為のある場合には，特段の事情の無い限り，これを追認することは許されないとする傾向が強くなっており，③については，子の意見には同居親の影響があるので真意とはいえない場合が多く，必ずしもそれを尊重することはできないと批判されている。

　そこで，近時優勢となっているのが，「寛容性の原則（フレンドリー・ペアレント・ルール）」という考え方で，親権を争う父母相互の他方に対する寛容性の程度のテストで，非監護親と子との面会交流に，より寛容な方が親権者として適切であるとされる。この考え方は，家庭裁判所で事実上採用されている「面会交流原則的実施論」と軸を同じくするものである。

　第1審では，この「寛容性の原則（フレンドリー・ペアレント・ルール）」とい

う考え方に重点を置いて判断したのに対して，控訴審では，親権者指定は，子の健全な成育に関する諸事情を総合的に考慮して，子の利益の観点から定めるとし，非監護親と子との面会交流に関する事情は，唯一の判断基準ではなく，他の諸事情よりも重要性が高い事情でもないと判断し，平成20年に民法766条が改正されたころから，家庭裁判所の実務で台頭してきた「面会交流原則的実施論」と「寛容性の原則（フレンドリー・ペアレント・ルール）」を前提とする判断を行わなかった。

V　おわりに

　欧米諸国では，「共同親権」制ではなくて，「共同監護」制が採用され，父母の離婚後もそれぞれが「同居親」として，また「別居親」として子を養育してきた。近年では，「（共同）監護」から「親責任（分担）」としてとらえられるようになり，更に，より中立的な子に対する「ケアー（世話）」や「パレンティング（養育）」に変わってきている。

　「共同監護」制を維持している国や地域でも，「同居親」としての監護と「別居親」としての監護があり，同居親が主たる監護者として，子の成育に第一義的な責任を負っている場合が一般である。法律の文言として，「単独親権者」と「同居親」「主たる監護者」といった違いはあるが，その内容については，実質的には大きな違いは存在しない。日本の場合は，離婚に際して父母のいずれか一方を親権者と定める「単独親権制」の下で，離婚に際しては親権者とならなかった他方の父母による監護が明文で認められており，欧米諸国のような離婚後の「共同監護」はすでに制度化されている。

　離婚後の子の養育問題について，いまだに「親権」という枠内に縛られた「共同親権制」といった議論には重大な問題がある。共同親権制度の導入といったような，大きな影響のある法改正の議論の前に，子の健全な成育にとって必要な周辺の法整備をしたうえで，又は，それとともに，現行法での対応を検討し，それでも法改正の必要性があるのであれば，欧米の動向を精査した上で，その経験を踏まえて，慎重に検討することが望まれる。

＊　本稿は,「新アジア家族法三国会議」第10回大会における報告用に準備したもので,
　参考文献で上げた拙稿⑴〜⑷を基に作成したもので,その趣旨から,個別の引用個所に
　ついて注記は省略した。

【参考文献】
⑴　「共同親権制の議論について　①欧米諸国の多くでは共同親権制が採用されている
　か？」戸籍983号（令和2年6月号）13頁。
⑵　「共同親権制の議論について　②日本における離婚後の子の養育法制について——
　現行法を基にした共同養育の可能性」戸籍985号（令和2年8月号）20頁。
⑶　「共同親権制の議論について　③国連『児童の権利委員会』の勧告と日本の離婚後
　の子の養育法制の課題」戸籍987号（令和2年10月号）22頁。
⑷　「100日面会交流事件」末川民事法研究3号65頁。

　　　　　　　　　　（OGAWA, Tomiyuki／大阪経済法科大学法学部教授）

総　括

　韓国の第1報告は，禹柄彰淑明女子大学校法学部教授より，「韓国における離婚後の親子関係——親権者の決定と共同親権，面会交流・養育及びそれに対する支援を中心に」というテーマで報告がなされた。韓国民法における親権制度やその改正の概要に触れ，離婚後の親権行使について共同又は単独にすることも父母の協議で決定できることなども紹介されたが，実際には離婚後の単独親権の意識が強く，共同親権のケースはまれな事情にあることが紹介された。また，離婚後の子の養育については，親権者の決定と並んで，子の養育に関する事項を協議で定めなければならず，子の福祉のため必要であれば，職権又は当事者の請求により，子の養育に関する事項の変更その他の適切な処分ができるものとしている。また，養育費履行確保の観点からの家事訴訟法での履行命令，直接支払い命令などや養育費履行管理院での履行支援，不払いの場合の義務者の運転免許停止処分，出国禁止措置などの強力な措置も取ることができる改正が実現した。また，父母の死亡などの場合に，家庭法院の許可を得て祖父母と孫との面会交流ができるよう改正がなされた。禹教授は，共同親権又は共同養育の可能性を高めるための父母教育の強化，ひとり親の子に対する養育責任と父母の離婚後の養育責任の関係，面会交流権の主体の兄弟姉妹への拡大，子の福祉のための多様な面会交流の方法などが今後の課題であるとする。

　第2報告は，文興安建国大学校法学専門大学院名誉教授より，「離婚後における親子関係に関する韓国法制の課題」というテーマでの報告がなされた。文教授からは，現行民法の規定において，離婚後の単独親権が原則化されていることへの疑問，親権と養育権との関係の概念的な不明確性，子の福祉の最優先を目指しながら，子の意思を反映させる手続的保障の不十分さ，離婚手続における未成年の子に対する教育制度などの韓国法での喫緊の課題が示された。また，養育費についても，養育費の法的性格の明確化，養育費履行管理院による積極的な取組や支援，特に不払い非養育親の実名公表等も紹介

されており，養育費が単なる非養育親に対する私的債権というより，子の生存に直結する公益的な債権との認識が広がりつつあるとしている。面会交流権についても，未成年の子の社会性を育むための精神的感情的な支援をする義務として位置付け，法律による権利化・制度化，面会交流権者の範囲の拡大，面会交流補助人制度の導入，面会交流センターの活性化など，父母の離婚により内面の傷を負った未成年子の共同養育を実現するための国家の支援や面会交流センターの全国拡大を提案している。とりわけ，文教授が，「親権」が子の福祉のための父母の責任であり，「養育権」は，親権の内容を実現する事実行為としての意味しか残っていないこと，父母の離婚により内面の傷を負った未成年の子の実質的保護を，離婚手続の各段階で実現できるようにすべきとの提言が印象深かった。

　次いで，台湾での第1報告は，林秀雄輔仁大学栄誉講座教授より，「台湾における離婚後の親権法制の現状と実務」というテーマで報告をいただいた。林教授からは，離婚後の子の親権者は父母であり，離婚後の子の監護者は父母以外の第三者を指している事の説明があり，離婚の際の親権者の決定について，父母の協議によるが，子の利益の観点から裁判所が当事者からの請求又は職権で親権者を定めることができるとする。また，離婚後の共同親権については協議により父母の一方又は双方が行えると規定された（台湾民法1055条1項）が，裁判所が父母間で争いがあるときに共同親権を命じられるかどうかで実務上争いがあり，父母の共同親権行使を認めることが子の利益に沿う限り命じられるとの肯定説が多くなっているという。特に，裁判実務では，父母の共同親権とはいっても，主たる監護者に一方を定め，姓，戸籍，学校，緊急性のない侵襲的医療などの重要事項は共同で決定し，他の事項は主たる監護者が決定するものが多いとする。親権者の変更についても，親権者が子の監護養育の義務を明らかに果たしていなかったケース，健康上の理由で監護義務を果たせないケース，体罰等不適切な養育をしたケース，面会交流を正当な理由なく拒否したケースなどで認められると紹介している。面会交流についても，子どもの権利条約，外国の立法例，過去の草案や学者の意見を参考にして，裁判所が，当事者からの請求又は職権で，面会交流の方式及び

期間を定めることができ，子の利益を害するときは変更ができるとする（台湾民法1055条5項）。実務では，家庭内暴力があるケースでの「監督下の面会交流」「段階的面会交流」が認められており，祖父母の孫に対する面会交流の問題が議論されているという。

　台湾での第2報告は，鄧學仁中央警察大学法律系教授により，「台湾法における離婚後の親権及び監護法制の沿革と今後の課題」というテーマでの報告であった。鄧教授は，台湾における離婚後の未成年子の親権及び監護法制についての5段階での沿革について丁寧に説明され，1985年の親族法での1055条の改正により，離婚後の共同親権が可能になり，子の最良の利益に従い，考慮事項の明確化が図られたこと，2013年の改正で，フレンドリーペアレント条項が導入されたり，社会福祉士や家事調査官のほか，関係機関の専門家の調査を活用できるものとしたこと，2014年の家事サービスセンターの新設についても紹介している。そして，台湾における離婚後の親権及び監護法制の課題として，まず第1に，親教育の強化を挙げ，家事事件法10条の1の増設案として，父母その他の関係者に6時間の無料の親教育プログラムの受講を義務付ける提案をしている。第2に，裁判所の職権による共同親権の決定についても，父母双方が好意的協力的であれば，協議の成立や子の不利益にならないことを条件に肯定的に解する立場を宣明した。第3に，鄧教授は，共同親権者双方で面会交流に関する意見が一致しない場合についての裁判所が子の最良の利益に従って決定できる旨の規定の新設や祖父母その他の第三者の面会交流の規定の新設の提案もしている。特に，台湾では，問題は，いずれも別居親との面会交流を通して緩和されると思われる。台湾では，面会交流について，法改正に取り組むほかに，家事サービスセンター及びその他の民間団体を通して心理的コンサルタント・社会福祉士などの専門家と協力すること，また資源の整合・介入によって，離婚する家庭を助けて未成年の子の利益に尽力すべく，当事者の意識を変え，子の利益に焦点化を図るためには，心理的支援や親教育の義務化・強制化が必要であると説く。

　日本側の第1報告は，棚村政行（早稲田大学法学学術院教授）が「離婚後の親子関係—特に面会交流と共同親権・共同監護の可能性とその限界」という

テーマで報告をした。棚村報告では，日本での協議離婚や離婚後の子ども養
育の現状について，全国ひとり親世帯等調査，司法統計，法務省の委託調査
研究でのWeb調査などの結果を紹介するとともに，日本での親権・監護法
制の沿革と近時の法改正の内容について解説をした。また，面会交流をめぐ
る問題点や課題としては，児童の権利に関する条約や面会交流に関する民法
766条の改正があり，面会交流原則的実施論と面会交流原則的実施否定論を
めぐる激しい対立が生じたことも紹介するとともに，厚生労働省の面会交流
相談支援事業の委託調査研究の結果，面会交流支援団体の実情，組織・体
制・運営・スタッフ，支援条件や支援内容，面会交流の支援の際の留意事項，
面会交流支援団体の運営上の課題等が明らかになった。例えば，事業継続の
ための人材不足や財源の確保の問題は深刻と言える。また，相談支援体制と
しても，関係機関の連携や専門家との連携も脆弱であり，限られたリソース
を有効に活用するためには，面会交流支援団体における相互交流やネット
ワーク化を強力に推し進める必要があるとされた。さらに，共同親権・共同
監護をめぐる賛成論・反対論について触れるとともに，学説上の共同親権導
入論や反対論・慎重論についても紹介がなされた。そして，最後に，有識者
で組織された家族法研究会の報告書及び法務省の法制審議会家族法制部会で
の議論を紹介しつつ，面会交流の概念や範囲に関する課題，養育費及び面会
交流に関する父母間での取決めの促進・確保，面会交流の取決めの促進，面
会交流の実施に関する課題，協議離婚及び子ども養育に関する規律の見直し，
協議離婚時の養育計画書の作成・親ガイダンスの促進・確保のための方策，
両親が別居する場合の規律の在り方，子ども養育をめぐる問題での子の意思
や意見を反映させるための方策，子の養育に関する事項や財産管理，子の身
分に関する事項の分類や重要事項への双方関与の在り方などを課題として挙
げる。

　第2報告では，小川富之大阪経済法科大学法学部教授より，「離別後の親
権・監護法制の現状と課題」と題する報告がなされた。小川教授より，日本
の親権の意義，共同親権，単独親権など親権の規定の構造と現状の説明がな
され，民法766条の離婚後の子の監護制度の基本的な仕組みについて紹介が

なされた。そして，日本における「親権」「監護」制度のもとで，解釈や運用により，子の健全な成育に向けた共同養育の可能性が「監護の分担」「共同監護」という形式で十分に可能であると説く。特に，小川教授は，離別の際の親権者の指定をめぐり最高裁まで争われた「100日面会交流事件」を詳しく解説され，家庭裁判所実務で事実上採用されている面会交流原則的実施論や一審のフレンドリーペアレントルール・寛容性原則について，これを前提とする解釈・運用を高裁・最高裁が否定したことを評価する。小川教授は，欧米諸国では，共同親権制ではなく，共同監護制が採用され，父母の離婚後もそれぞれが「同居親」として，また「別居親」として子を養育してきた。近年では「共同監護」から「親責任（分担）」としてとらえられるようになり，さらにより中立的な子に対する「ケアー（世話）」や「パレンティング（養育）」に変わってきていると指摘し，日本の場合は，単独親権制の下で，離婚に際して親権者とならなかった父母の他方による監護が明文で認められており，欧米諸国のような離婚後の共同監護はすでに制度化されているので，共同親権の導入については慎重に検討すべきであると主張する。

　本日は，参加者各位のご協力とご支援をいただき，特に，日本加除出版株式会社の和田社長を含め社員各位のご協力を頂戴して，2年ぶりに日本からのオンライン会議を滞りなく開催することができた。近隣の台湾，韓国，日本の離別後の親子関係，特に面会交流や離婚後の共同親権・共同監護の可能性と限界と題して，有益な報告を伺い，活発な質疑応答，意見交換をすることができたことに感謝申し上げる。今後とも，各国での独自の問題，各国の共通の課題につき，このような国際学術交流を通じ，子どもたちの幸せのために，全員で知恵を絞り力を合わせて連携と協力，絆を深めていくことができることを心より祈念したいと思う。

　　2022年7月

早稲田大学　棚村　政行

The Legal Relationship Between Parents and Children After Divorce in Korea

WOO, Byoung Chang
(Professor of Sookmyung Women's University)

Among the issues related to the legal relationship between parents and children after divorce in Korea, this article deals in particular with the "decision of parental authority, joint parental authority, visitation rights, and child custody and its support". In cases of consensual divorce, accompanying issues are often decided by mutual agreement, but in cases of judicial divorce, disputes not only over the divorce itself but also over matters relating to property and children are often contested. Therefore, gathering one's thoughts in advance on issues such as the agreement on the designation of the person with parental authority, the liability for damages, responsibilities for taking care of the children, visitations, the claim for property division, and the revocation of fraudulent acts for the preservation of the claim of property division will be helpful in smoothing the progress of judicial divorce.

According to the current Civil Act, when parents divorce, the person with parental authority can be determined or changed by the parents' agreement or *ex officio* by the Family Court, and the standard for this kind of decision is "the best interests of the child." In case of the death of the parent designated as the sole person of parental authority at the time of divorce, the claimant prescribed under the Civil Act may designate the surviving father or mother as the person of parental authority or may request the Family Court to appoint a guardian of the minor.

If the couple who intends to divorce by agreement has any child (minor child) to care for, the parties shall submit a written agreement (or the original copy of adjudication of the Family Court) regarding the child's custody and the decision of the child's parental authority in accordance with the provisions of the Civil Act. At this time, the basic principle for calculating child support is the maintenance of the same standard of parenting environment for the child as before the parents' divorce, and, even if they have no current income, the parents should share the responsibility for the minimum child support.

Such matters that involve the care of the child are not immutable and when it is deemed necessary for the best interests of the child, the Family Court may change them or take other appropriate measures *ex officio* or at the request of the parents, the children, and the public prosecutor. In addition, in Korea there has been the establishment of the Child Support Agency, which provides a legal basis for the State to actively intervene to secure and assist with child support payments.

After a divorce, the parent who does not take care of the child directly and the child have the right to meet with each other (visitation rights). If the parents are unable to exercise visitation rights, the immediate ascendant (grandparents) may exercise it, and if necessary for the best interests of the child, visitation rights may be limited or excluded.

Korean Legislative Issues on Parent-Child Relations after Divorce

Moon, Heung Ahn
(Emeritus Professor of Law School of Konkuk)

This paper starts on the premise of understanding the 'parental authority' as the biological relationship between the parents and a minor child coated in the legal framework. This leads to the continuation of the child's relationship with his father/mother even after the parents' divorce regardless of their living situation. The continuation of relationship means that the parents would still retain the parental authority in his/her relationship with the child irrespective of their marital status. However, if the non-custodial parent leaves the communal living space with the child, he or she is obligated to bear the fostering expenses, while being granted with the visitation right to secure the continuity of communal relationship with the child.

In such discussion, it's claimed that the confrontation between 'parental authority' and 'custodial right' is merely leftovers of the powerful pre-modern 'family' system, and that the 'custodial right' is now deemed as a concept that has fulfilled its historical role in today's society where the joint parental right is well acknowledged. Nowadays, child fostering remains only as a factual act (the act of actually raising a child, as opposed to a legal act) of realizing the parental authority.

From the moment the parents start divorce proceedings, their minor child should be viewed as a stakeholder of the divorce, rather than being considered simply as an object to 'protect'. As such, this paper looks into the legislative efforts to protect the will of these minor children. Particularly, it emphasizes the principle of preceding the child counseling before the divorce procedures, the legalization of mandating the counseling system, and the need for child education in accordance with the parental divorce. Regarding the post-divorce procedures, it highlights the necessity of practical measures to secure the fostering expenses and specific ways to resolve the barriers in child visitations.

Taiwan's Legal Regime on Child Custody after Divorce — The Current Situations and Judicial Practices

LIN, Hsiu-Hsiung

(Professor of Fu-Jen Catholic University)

In the absence of the term "parental right", it was so called "custody after divorce" before 1996 amendment of Taiwan Civil Code. Since 1996 amendment, it has been terming as "exercise the rights and assume the duties in regard to the minor child" which is essentially the exercise of parental rights after divorce.

Article 1055 of Taiwan Civil Code said, "After the husband and the wife effect a divorce, one party or both parties of the parents will exercise the rights or assume the duties in regard to the minor child by mutual agreement. If the mutual agreement did not or could not be done, the court may decide by the applications of the husband or the wife, the authorities concerned, the social welfare institution or any other interested person, or may decide by its authority." The so called "divorce" in this Article refers to a divorce by private agreement, court judgement, or mediation or settlement before a court. In legal practice, it's often to see in divorce proceedings that parents agree to exercise the rights or assume the duties in regard to the minor child by only one party of them.

After divorce, no obligation to cohabit anymore for parents. Consequently, it is in fact difficult to jointly exercise rights and assume duties in regard to the minor child, since one parent no longer live with the minor child. On the other side, if parents are willing to let go of hatred and hostility toward each other and then work together to protect and foster their child in the interests of their child, there is no need to ban joint exercising and assuming. Therefore in 1996 amendment of Taiwan Civil Code, viewpoints of scholars were adopted to stipulate that parents can jointly exercise the rights or assume the duties in regard to the minor child by mutual agreement. Although no words are referred to the power for a court to decide a joint parental right, in legal practice a court can consider the spirit of agreed joint exercising and assuming and then decide so by its authority for the best interests of minor child. Over recent years, more joint exercising and assuming after divorce were decided by court's authority. Nevertheless, a problem has been raised that how to protect and foster the minor child once the parents live separately? As a result, the court usually decides the parent who is living with the minor child as the primary caregiver while deciding a joint exercising and assuming.

In 1996 amendment of Taiwan Civil Code, for the parent-child relationship of the parent who has no parental right, paragraph 5 of Article 1055 stipulated "The court may decide the way and period of meeting or communication with the minor child by the application of the party who could not exercise the rights and assume the duties in regard to the minor child, or by its authority. When the meeting or communication affects the interests of the minor child, the court may change it on the applications or by its authority." In legal practice, after a divorce that is due to domestic violence, meeting or communication with the minor child will mostly under surveillance. Furthermore, in the case of no trust exists between a parent and the minor child, it may cause psychological burdens and discomforts on both sides if they suddenly and directly enter into intensive meeting or communication. At this time, the court will establish a relationship between the two sides of meeting or communication in a step-by-step manner and conduct meeting or communication with gradual stages. It is worth of praise to conduct "meeting or communication under surveillance" or "meeting or communication with gradual stages" to protect the interests of a minor child.

Summary

TENG, Shyue-Ren
(Professor of Department of law of Central Police University)

In Taiwan, the term "parental rights" after divorce is often addressed to as "custody" which tended to make a mix-up with "guardianship". The origin of the mix-ups may be traced back to Article 1051 of the Civil Code which was abolished in 1996. The old law addressed to "the exercise of parental rights after divorce" as "custody", which in Chinese shares the same characters of "guardianship (監護)". As a result, the law abandoned the use of the term "custody" in the 1996 amendment and replaced it with the term "exercise of parental rights after divorce". Since then, "custody" after divorce possesses a different legal terminology from "guardianship", which is generally adopted for children having no parents or when no parental responsibilities are available. This paper thus intends to observe the legal developments to clarify the use of legal terminologies so that the "exercise of parental rights after divorce" may be clearly separated from "guardianship". On the other hand, it is also important to examine the legal developments regarding the exercise of parental rights after divorce including access to children for their welfare, pertinent parental education, feasibilities of joint custody, and so on.

The Parent-Child Relationship after Divorce ; The Possibilities and Limits of Visitation and Joint Parental Rignts on Divorce in Japan

TANAMURA, Masayuki

(Professor of Law Department, Waseda University)

In this article, I will first refer to the actual situation and some problems of system of divorce by agreement, child support, and visitation or access in Japan. Next, I will consider the history of the parental authority and custody law under the Meiji Civil Code, the joint parental rights and joint custody of married parents during marriage in the postwar revision of the Civil Code, the background of the introduction of the single parental rights system after divorce, and the latest revision of the parental rights and custody legislation. Thirdly, I will discuss the amendment of Article 766 of the Civil Code on the visitation or access and addresses the conflict between the positive theory of implementing visitation or access and the passive theory of implementing visitation or access, and the inadequacy of the consultation and support system for visitation or access in Japan. Then, I will introduce the theories about joint parental rights and duties and joint custody after divorce in family law scholars and the pros and cons in the family law practice. Finally, I will introduce the status of discussions at the Family Law Study Group and the Family Law Subcommittee of the Legislative Council to clarify the current situation of deliberations of these topics in Japan.

Current status and practical operations of parental authority and custody at the time of and after divorce

OGAWA, Tomiyuki
(Professor of Osaka University of Economics and Law, Faculty of Law)

According to statistics from the Ministry of Health, Labour and Welfare, the number of divorces in 2020 was about 200,000, and about 200,000 children experienced parental divorce per year. This paper provides an overview of the current status and practical operations of parental authority and custody at the time of and after divorce.

"Sinken" of the Japanese is expressed as "Parental Authority" in English. This parental authority is defined as "a general term for the rights and obligations of parents who provide custody and education of their children and manage the child's property in order for parents to care for their minor children until they become adult."

Regarding the parental authority over the child, Article 818 of the Civil Code stipulates as follows;

(1) A child who has not attained the age of majority shall be subject to the parental authority of his/her parents.

(2) If a child is an adopted child, he/she shall be subject to the parental authority of his/her adoptive parents.

(3) Parental authority shall be exercised jointly by married parents; provided that if either parent is incapable of exercising parental authority, the other parent shall do so.

As for the person who has parental authority in the case of divorce, Article 818 of the Civil Code stipulates as follows;

(1) If parents' divorce by agreement, they may agree upon which parent shall have parental authority in relation to a child.

(2) In the case of judicial divorce, the court shall determine which parent shall have parental authority.

As for the matters concerning the custody of children after divorce, Article 766 of the Civil Code stipulates as follows;

(1) If parents' divorce by agreement, the matter of who will have custody over a child and any other necessary matters regarding custody shall be determined by that agreement.If agreement has not been made, or cannot be made, this shall be determined by the family court.

(2) If the family court finds it necessary for the child's interests, it may change who will take custody over the child and order any other proper disposition regarding custody.

(3) The rights and duties of parents beyond the scope of custody may not be altered by the provisions of the preceding two paragraphs.

In this way, under the current single parental authority system in Japan, it is quite possible to realize the joint or shared parenting of the child as is done in the West through consultations on the custody of the child after divorce.

離婚後の親子関係

2022年9月13日　初版発行

編　　者	新・アジア家族法三国会議	
発 行 者	和　田　　　裕	

発 行 所　日 本 加 除 出 版 株 式 会 社

本　　　社　〒171−8516
東京都豊島区南長崎3丁目16番6号

組版　㈱粂川印刷　　印刷　スピックバンスター㈱　　製本　藤田製本㈱

定価はカバー等に表示してあります。
落丁本・乱丁本は当社にてお取替えいたします。
お問合せの他、ご意見・感想等がございましたら、下記まで
お知らせください。

〒171−8516
東京都豊島区南長崎3丁目16番6号
日本加除出版株式会社　営業企画課
電話　　03-3953-5642
FAX　　03-3953-2061
e-mail　toiawase@kajo.co.jp
URL　　www.kajo.co.jp

【第6回】
親子関係の決定—血縁と意思

新・アジア家族法三国会議 編　二〇一七年八月刊　Ａ5判　一七六頁 定価三三〇〇円（本体三〇〇〇円）

【第7回】
同性婚や同性パートナーシップ制度の可能性と課題

新・アジア家族法三国会議 編　二〇一八年六月刊　Ａ5判　一九六頁 定価三三〇〇円（本体三〇〇〇円）

【第8回】
高齢社会における相続法の課題

新・アジア家族法三国会議 編　二〇一九年七月刊　Ａ5判　一六八頁 定価三三〇〇円（本体三〇〇〇円）

【第9回】
養育費の算定と履行確保

新・アジア家族法三国会議 編　二〇二〇年十一月刊　Ａ5判　一八四頁 定価三九六〇円（本体三六〇〇円）

日本・韓国・台湾を中心にアジアにおける家族法諸問題の著しい変化と、関連する法制度をめぐる動き・課題を探り、学会と実務に寄与することを目的とした「新・アジア家族法三国会議」の成果を集約した書。

日本加除出版

〒171-8516　東京都豊島区南長崎 3 丁目16番 6 号
TEL（03）3953-5642　FAX（03）3953-2061 （営業部）
www.kajo.co.jp